T0098882

DANS LA MÊME COLLECTION

La philosophie de Thomas d'Aquin, par Ruedi Imbach et Adriano Oliva, 2009.
La philosophie de Francis Bacon, par Michel Malherbe, 2011.
La philosophie de Bergson, par Anne-Claire Désesquelles, 2011.
La philosophie de Nelson Goodman, par Jacques Morizot et Roger Pouivet, 2011.
La philosophie de Raymond Ruyer, par Fabrice Louis et Jean-Pierre Louis, 2014.
La philosophie de John Dewey, par Stéphane Madelrieux, 2016.
La philosophie de Descartes, par Denis Moreau, 2016.
La philosophie de Kant, par Antoine Grandjean, 2016.
La philosophie de Hobbes, par Philippe Crignon, 2017.
La philosophie de Schelling, par Patrick Cerutti, 2019.
La philosophie de Wittgenstein, par Mélika Ouelbani, 2019.
La philosophie de Sartre, par Philippe Cabestan, 2019.
La philosophie de Fichte, par Laurent Guyot, 2020.
La philosophie d'Aristote, par Gweltaz Guyomarc'h, 2020.
La philosophie de John Stuart Mill, par Aurélie Knüfer, 2021.
La philosophie de Bentham, par Jean-Pierre Cléro, 2022.
La philosophie de Franz Brentano, par Denis Fisette, 2022.

LA PHILOSOPHIE DE SPINOZA

REPÈRES

REPÈRES PHILOSOPHIQUES

Directrice : Éléonore Le Jallé

LA PHILOSOPHIE DE SPINOZA

REPÈRES

par

Philippe DANINO

PARIS
LIBRAIRIE PHILOSOPHIQUE J. VRIN
6 place de la Sorbonne, Ve

2023

Imprimé en France
ISSN 2105-0279
ISBN 978-2-7116-3103-2
www.vrin.fr

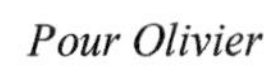

Je tiens à remercier chaleureusement Monsieur Thomas Bénatouïl pour l'accompagnement continu et toujours fructueux dont a bénéficié cet ouvrage.

ABRÉVIATIONS ET TRADUCTIONS

Les abréviations et traductions utilisées dans les références intratextuelles sont les suivantes :

TRE : *Traité de la réforme de l'entendement*, trad. fr. M. Beyssade, dans *Œuvres* I, *Premiers écrits*, « Épiméthée », Paris, P.U.F., 2009.

CT : *Court Traité*, trad. fr. J. Ganault, dans *Œuvres* I, *Premiers écrits*, « Épiméthée », Paris, P.U.F., 2009.

PPD : *Principes de la philosophie de Descartes*, trad. fr. C. Appuhn, dans *Œuvres* I, Paris, GF-Flammarion, 1964.

PM : *Pensées métaphysiques*, trad. fr. C. Appuhn, dans *Œuvres* I, Paris, GF-Flammarion, 1964.

TTP : *Traité théologico politique*, trad. fr. P.-F. Moreau et J. Lagrée, dans *Œuvres* III, « Épiméthée », Paris, P.U.F., 1999.

TP : *Traité politique*, trad. fr. C. Ramond, dans *Œuvres* V, « Épiméthée », Paris, P.U.F., 2005.

E : *Éthique*, trad. fr. P.-F. Moreau, dans *Œuvres* IV, « Épiméthée », Paris, P.U.F., 2020. De l'*Éthique*, nous utiliserons les abréviations traditionnelles : déf. (définition) ; post. (postulat) ; ax. (axiome) ; dém. (démonstration) ; sc. (scolie) ; cor. (corollaire) ; explic. (explication) ; app. (appendice).

Correspondance : trad. fr. de M. Rovère, Paris, GF-Flammarion, 2010.

[illegible]

[illegible] 1969

[illegible]

[illegible]

[illegible] 2000.

LA VIE DE SPINOZA

Nous savons peu de choses de la vie de Spinoza. Il n'a pas occupé de charge publique ou universitaire ; sa correspondance peut paraître modeste au regard de celles de Descartes ou de Leibniz, et les témoignages directs sur ses faits et gestes sont plutôt rares. Mais si sa vie demeure en de nombreux points incertaine, elle n'en est pas moins à mettre en regard de son contexte, celui du « Siècle d'or » des Provinces-Unies et, plus largement, de la « philosophie nouvelle » du XVIIe siècle, dont Bacon, Descartes et Hobbes furent parmi les artisans majeurs.

LE CONTEXTE EXCEPTIONNEL DES PROVINCES-UNIES

Au XVIIe siècle, les Provinces-Unies se placent parmi les trois grandes puissances européennes : la bourgeoisie marchande des anciennes possessions espagnoles connaît un développement extraordinaire, et la plus grande banque d'Europe se situe à Amsterdam. Cette bourgeoisie néerlandaise, forte de ses villes, de ses ports et de son commerce avec ses colonies, est représentée par les Républicains, sur lesquels s'appuient les Grands Pensionnaires, dont le plus important sera Jan de Witt. Le parti républicain, attaché à une politique de paix, à une organisation provinciale et au développement d'une économie libérale, fait face, pendant près d'un siècle, au parti orangiste, à l'armée et à la noblesse, qui cherchent à reprendre le pouvoir et à redonner une prérogative absolue au Grand Pensionnaire.

La place des Provinces-Unies dans l'Europe d'alors est exceptionnelle par son climat de tolérance inconnu ailleurs. Nourrie par les nombreuses imprimeries, les gazettes, les sociétés savantes et des Universités célèbres, la vie intellectuelle est intense. Savants et philosophes qui risquent d'être persécutés dans leur pays d'origine viennent travailler là, tandis que les imprimeurs sont peu censurés. La liberté politique s'accompagne d'une liberté de pensée et d'une liberté religieuse que le calvinisme dominant a tolérées, sinon encouragées, par l'accueil de courants de pensée très divers, en particulier ceux de multiples sectes qui se développent en déviation du calvinisme (Sociniens, Mennonites, Collégiants, Remontrants, etc.). De cette diversité de communautés religieuses, Amsterdam sait tirer le meilleur profit, économique, artistique ou philosophique.

Mais cette liberté demeure fragile. Elle est en effet menacée par la France de Louis XIV et par l'Angleterre, soucieuse d'hégémonie maritime. À l'intérieur, le parti monarchiste du Prince d'Orange, partisan d'une armée forte et d'un État centralisé, fait cause commune avec les calvinistes les plus stricts. D'où les grands moments du siècle : trois guerres anglo-néerlandaises ; la victoire des Républicains, en 1650, face à une tentative de coup d'État de Guillaume II d'Orange ; l'élection, en 1653, de Jan de Witt comme Grand Pensionnaire de Hollande ; la reprise du pouvoir par Guillaume III d'Orange en 1672. L'opposition politique entre Régents républicains et Orangistes porte également en elle une opposition religieuse (entre Gomaristes et Arminiens) qui a marqué les débuts de ce XVIIe siècle hollandais – et dont les positions de Spinoza, en particulier dans le *Traité théologico-politique*, portent la trace.

Les juifs portugais, quant à eux, sont venus avec leurs coreligionnaires espagnols se fixer à Amsterdam vers la fin du XVIe siècle afin d'échapper à l'inquisition menaçante. Toutefois, la communauté juive d'Amsterdam, à l'époque de Spinoza, est en majorité composée de descendants de marranes, auxquels l'enseignement traditionnel de leur religion a été interdit. Ils sont imprégnés d'une culture philosophique et scientifique qui ne se concilie pas sans peine, ni parfois sans conflits, avec le judaïsme rabbinique traditionnel d'une communauté versée dans l'étude du mysticisme et de la Cabbale. C'est ce dont témoigne, par exemple, le cas d'Uriel da Costa, juif natif du Portugal qui, se tournant progressivement vers la conception d'une religion naturelle niant l'immortalité de l'âme et la Révélation, se verra excommunié en 1633 à Amsterdam.

1632-1661(?) : AMSTERDAM. LES ANNÉES DE FORMATION

Bento d'Espinoza naît à Amsterdam, dans la communauté juive portugaise, le 24 novembre 1632 – la même année que Locke, Pufendorf, Vermeer ou encore le savant van Leeuwenhoek. Descartes est déjà installé en Hollande, et Galilée publie le *Dialogue sur les deux grands systèmes du monde*. Spinoza est le fils de Michael d'Espinoza, émigré juif du Portugal, marchand à Amsterdam, et de la deuxième épouse de son père, Hanna Deborah – qui mourra en 1638. Ses parents l'appellent Bento, « le béni », version portugaise de l'hébreu Baruch, son nom officiel à la synagogue. La famille compte quatre autres enfants, dont deux sont probablement ceux de la première épouse de Michael.

Le jeune Bento commence à étudier au sein de la congrégation portugaise Talmud Tora, où il reçoit une éducation purement hébraïque (apprentissage de l'hébreu, lecture de la Bible). Il y est élève jusqu'en 1646 et y fréquente Juan de Prado, philosophe rationaliste et médecin d'origine marrane qui, par ses récusations des dogmes de l'immortalité de l'âme et de la révélation, sera, comme Spinoza, exclu de la communauté juive en 1656. Après ces années qui voient, outre la publication des *Méditations Métaphysiques* (1641) et des *Principes de la philosophie* de Descartes (1644), la mort de Galilée (1642) et de Grotius (1645), Spinoza travaille dans la maison de commerce de son père. Par sa fréquentation de la Bourse d'Amsterdam, il se lie au milieu des Collégiants, qui constituent un groupe de chrétiens dissidents, cartésiens et humanistes.

Les Provinces-Unies connaissent alors des années particulièrement importantes. En 1648, le traité de Westphalie met fin à la guerre de Quatre-Vingts Ans et a pour effet la reconnaissance définitive, par la couronne d'Espagne, de l'indépendance des sept Provinces-Unies au nord des Pays-Bas. L'année 1650 voit de violents conflits entre Républicains et Orangistes, puis la mort de Guillaume II. En 1653, alors qu'avait débuté la première guerre anglo-néerlandaise, née principalement des rivalités commerciales, Jan de Witt devient Grand Pensionnaire de Hollande et fait décréter, une fois la paix avec l'Angleterre de Cromwell conclue, l'exclusion perpétuelle de la famille d'Orange des charges militaires.

Après la mort de son père, en 1654, Spinoza dirige la maison de commerce familiale avec Gabriel, son frère cadet. On ne sait dans quelle mesure le jeune Spinoza, à cette époque, avait développé ses idées philosophiques. Toujours est-il qu'en juillet 1656, suspecté d'incroyance depuis quelque temps, il est dénoncé à la synagogue. Pour des griefs qui restent encore débattus mais qui comprennent probablement des idées déjà fortement hétérodoxes (la double négation de l'immortalité de l'âme et de la révélation), Spinoza fait l'objet d'un véhément *herem*, décret d'exclusion religieuse, par lequel le conseil des rabbins l'excommunie à vie de la communauté juive d'Amsterdam. Il est sommé de cesser toute affaire commerciale, tout contact avec d'autres membres de la congrégation (y compris sa famille) et de quitter le quartier juif.

À une date inconnue (entre 1654 et 1656), Spinoza commence à fréquenter l'école du libre-penseur et ancien jésuite Franciscus van den Enden, fondée depuis peu. Il y étudie les humanités latines et s'éveille aux sciences et à la philosophie cartésienne. Il fréquente également des cercles de chrétiens libéraux ou marginaux (Collégiants, Mennonites, Sociniens), souvent marqués par le cartésianisme, et apprend sans doute à cette période à polir les lentilles de verre pour les instruments d'optique. Il est probable qu'en 1659, après avoir poursuivi chez Van den Enden, Spinoza fréquente l'Université de Leyde, où des amis soutiennent leurs thèses (Lodewijk Meyer et Adriaan Koerbagh en médecine). En 1660-1661, il finit de rédiger le *Traité de la réforme de l'entendement*, qu'il laissera inachevé, et commence le *Court traité*, dont il présente une première version à des amis.

1660 ou 1661-1663 : Rijnsburg

Peut-être pour des raisons de tranquillité, Spinoza s'installe dans le village de Rijnsburg, près de Leyde. Centre des Collégiants depuis 1629, la ville est de tradition libérale et tolérante. Un cercle d'amis, cercle d'étude de penseurs libéraux et fortement influencés par le cartésianisme, se forme autour de lui. Il comprend notamment Jarig Jelles, Pieter Balling, Simon de Vries et L. Meyer. En 1661, Spinoza semble suffisamment connu parmi les défenseurs de la « science nouvelle » pour que Henry Oldenburg, premier secrétaire de la *Royal Society*, vienne le visiter, s'entretenir avec lui de Dieu et de ses attributs, de Descartes et de Bacon. C'est sur ces sujets que débute peu après une correspondance qui durera quinze ans. Refusant tout don d'argent (en dehors d'une pension de Jan de Witt), Spinoza vit du polissage et de la vente de verres optiques pour loupes et longues-vues.

C'est probablement en 1662 ou 1663 (selon sa correspondance), qu'il commence à rédiger une *Philosophie*, exposition systématique de sa pensée, évoquée dans le *Traité de la réforme de l'entendement* : c'est là la première version de ce qui deviendra l'*Éthique*. En 1663-1664, Spinoza (les Lettres 8 et 9 y font allusion) héberge un étudiant de Leyde, Casearius, auquel il donne des cours particuliers de philosophie cartésienne, consacrés, surtout, à la deuxième partie des *Principes de la philosophie*.

1663-1669 ou 1671 : Voorburg

Puis Spinoza s'installe à Voorburg, près de La Haye, chez un peintre nommé Daniel Tydeman, proche des Collégiants. Parmi ses voisins figurent les libertins français Saint-Évremond et Saint-Glain (futur traducteur du *Traité théologico-politique* en français), ainsi que le physicien Christian Huygens. Ses travaux avancent : il publie, en 1663, les *Principes de la philosophie de Descartes démontrés par la méthode géométrique*, accompagnés d'un appendice intitulé *Cogitata Metaphysica.* Ce sera là le seul ouvrage que Spinoza publiera sous son nom et de son vivant. En 1665, alors que débute la deuxième guerre anglo-néerlandaise (qui s'achèvera en 1667), Spinoza communique à son ami Bouwmeester la troisième et – à l'époque – dernière partie de sa *Philosophie* (la future *Éthique*). Il en interrompt cependant la rédaction car il entend se consacrer à « un traité sur [sa] façon d'entendre l'Écriture » (Lettre 30). C'est là le futur *Traité théologico-politique*, écrit dans lequel Spinoza entend (selon la même Lettre) s'attaquer aux préjugés des théologiens, se défendre des accusations d'athéisme à son encontre et promouvoir la liberté de philosopher. Il est intéressant de noter que cette même année voit la publication de l'*Essai sur la tolérance* de Locke, et qu'en 1666 paraît anonymement, à Amsterdam, *La philosophie interprète de l'Écriture sainte*, ouvrage dans lequel L. Meyer entend faire de la philosophie, identifiée à la science, la seule norme de vérité de l'Écriture sainte.

1669 ou 1671-1677 : La Haye

Après une période de grands troubles, qui voit Louis XIV conquérir, en 1667, les Pays-Bas espagnols et, l'année suivante, naître la triple alliance de La Haye (Suède, Angleterre, Hollande) contre le roi français, Spinoza, entre fin 1669 et début 1671, déménage à nouveau pour s'installer à La Haye. Le *Traité théologico-politique* – second ouvrage qui paraît du vivant de son auteur –

est publié anonymement en latin en 1670. L'ouvrage commence aussitôt à faire l'objet de nombreuses et violentes attaques. Spinoza refuse qu'en soit publiée une traduction néerlandaise par Jan Glazemaker (elle le sera en 1693). Il s'installe chez un peintre, Hendrik Van der Spyck, et se remet à la rédaction de l'*Éthique*.

La Hollande connaît alors une situation politique extrêmement tendue : en 1670, la France, l'Angleterre et les évêchés de Münster et de Cologne font alliance contre les Pays-Bas, en vue d'un partage du pays. Alors que paraissent, en 1672, le *Droit de la nature et des gens* de Pufendorf ainsi qu'une deuxième édition du *Traité théologico-politique*, c'est le début de la troisième guerre anglo-hollandaise : la flotte anglaise est repoussée, mais les troupes de Louis XIV envahissent le pays et en occupent bientôt la moitié. Considéré comme responsable du désastre, Jan de Witt est assassiné. C'est la chute du parti des régents. Guillaume III d'Orange, alors nommé capitaine général, parviendra l'année suivante à contraindre l'armée française au repli.

En 1673, invitation est faite à Spinoza d'enseigner la philosophie à l'Université de Heidelberg. Mais soucieux de sa liberté, il décline la proposition (Lettres 47 et 48). L'année suivante, les Cours de Hollande condamnent le *Traité théologico-politique*, et Spinoza est accusé d'hérésie et d'athéisme. En 1675, l'*Éthique* est achevée. Mais les rumeurs sur son compte et les menaces de poursuite sont telles que Spinoza renonce à sa publication. En 1676, il rencontre Leibniz et entame la rédaction du *Traité politique*. Le 21 février 1677, malade de phtisie, Spinoza meurt à La Haye, non sans avoir chargé Van der Spyck de transmettre ses papiers à Jan Rieuwertsz, son imprimeur.

Ses amis (Meyer, Bouwmeester, Jelles et d'autres) travaillent alors à faire éditer les ouvrages laissés : fin 1677 ou début 1678, les *B.d. S. Opera Posthuma* sont publiées à Amsterdam en latin – sans indication d'éditeur ni de lieu d'impression –, puis en néerlandais par Glazemaker (*De Nagelate Schriften*). Elles contiennent l'*Éthique*, soixante-quatorze lettres et trois traités inachevés : le *Traité de la réforme de l'entendement*, le *Traité politique* ainsi qu'un précis de grammaire hébraïque dont nous ignorons la date de composition. L'ensemble est préfacé sans doute par Meyer pour la version latine, et par Jelles pour la version néerlandaise. L'année suivante, les œuvres du penseur hollandais sont condamnées et interdites par les Cours puis par les États de Hollande.

LA PENSÉE DE SPINOZA

LA FIN ET LES MOYENS : BIEN SUPRÊME ET CONNAISSANCE

*« Voilà donc la fin vers laquelle je tends » (*TRE, *§ 14)*

Si l'on voulait définir rapidement la finalité de la philosophie spinozienne, on dirait qu'il s'agit du bonheur. Mais il y a là difficulté. Le terme « bonheur », en effet, ne correspond véritablement à aucun des termes latins qui composent, dans l'œuvre, la constellation du « contentement [*gaudium*] », de la « félicité [*foelicitas*] », de la « béatitude [*beatitudo*] » et de la « satisfaction [*acquiescentia*] ». S'il renvoie à un affect, le terme de bonheur peut légitimement être rapproché de ce que Spinoza nomme « joie [*laetitia*] », « contentement », « satisfaction » ou encore « béatitude ». Mais si le bonheur, conformément à son étymologie, désigne les heureuses rencontres qui peuvent variablement échoir à chacun dans sa vie, c'est-à-dire ce qui relève de la fortune, alors il ne correspond pas à la doctrine. La béatitude consistera même, aux yeux de Spinoza, à n'avoir nullement « besoin de l'aide de la fortune » (*E* IV, 46, sc.).

Dès les premières lignes du *Traité de la réforme de l'entendement*, Spinoza entend chercher « quelque chose qui serait un bien véritable, capable de se communiquer et qui, une fois tout le reste rejeté, serait l'unique affection de l'âme », telle qu'elle ferait « jouir pour l'éternité d'une joie suprême et continue ». Il faut attendre le § 12 de l'ouvrage pour avoir – quoique « brièvement » – une idée du principe et du contenu d'un tel bien. Trois éléments essentiels apparaissent : la distinction entre « vrai bien [*verum bonum*] » et « bien suprême [*summum bonum*] », l'importance fondamentale de la connaissance, enfin une articulation essentielle à l'idée de nature humaine.

De cette dernière, Spinoza évoque une faiblesse. Non pas au sens de quelque péché ou d'une soumission à l'égard des passions, mais en termes d'une méconnaissance du principe ontologique – objet de la première partie de l'*Éthique* – selon lequel « tout ce qui arrive se produit selon un ordre éternel et selon des lois déterminées de la Nature » (§ 12). Connaître l'ordre de la nature semble donc avoir partie liée au bien suprême. Mais si la faiblesse de l'homme consiste d'emblée à ne pouvoir accéder à la pensée d'un tel ordre, elle le pousse néanmoins à produire une représentation, celle d'« une nature humaine beaucoup plus forte que la sienne », et à rechercher les « moyens susceptibles de le conduire à une telle perfection » (§ 13).

Celle-ci pose à son tour problème : comment Spinoza peut-il sérieusement recourir à la notion de perfection alors qu'il lui refuse toute réalité – ainsi, d'ailleurs, qu'à celle d'imperfection ? Comment comprendre qu'il pose la visée d'un « vrai bien » tout en considérant le bien et le mal comme relatifs ? Car, des notions de perfection et d'imperfection, de bien et de mal, le penseur hollandais affirme constamment la relativité (*CT* I, chap. VI, 8 et chap. X ; *PM* I, VI, *E* I, app. et IV, préf.). Or, cette relativité peut s'accorder avec le point de vue porté sur la nature même de la chose, c'est-à-dire être pensée en termes de surplus ou de manque d'être, non par rapport à un autre être mais par rapport à soi-même. Faiblesse et force peuvent ainsi se dire en termes de capacité, moindre ou plus grande, de penser et de connaître l'ordre naturel. Il n'y a pas d'opposition, dans le *Traité de la réforme de l'entendement*, entre une logique de la perfection et une logique de la progression : l'amélioration suppose une imperfection initiale, et la jouissance d'un bien souverain, la saisie d'une perfection. C'est là précisément ce qui éclaire la distinction entre « vrai bien » et « bien suprême » : le premier est « moyen » d'accéder à cette nature humaine supérieure ; le second est le fait de « parvenir à jouir d'une telle nature, avec d'autres individus, s'il se peut » (*TRE*, § 13). Nous nous représentons donc capables d'acquérir le bien suprême, lui-même essentiellement lié à la connaissance de la nature.

Quelle est maintenant cette nature humaine beaucoup plus forte ? Spinoza ne fait que l'indiquer : elle est « la connaissance de l'union qu'a l'esprit avec la Nature tout entière » (§ 14). Le bonheur, qui se joue entièrement en cette vie et avec les autres hommes, est donc essentiellement affaire de *connaissance*, ce que réaffirmera explicitement le *Traité théologico-politique*, assimilant « toute notre connaissance » à « notre souverain bien » (IV, 1), ou énonçant que « Le bonheur véritable et la vraie béatitude d'un homme consistent dans la sagesse et la connaissance du vrai » (III, 1). Il convient par conséquent de montrer en quoi une telle connaissance est objet de jouissance (et mérite alors l'appellation de bien suprême), et par quels moyens (ou vrais biens) il est possible de l'acquérir. Mais que l'accent soit mis ici sur la connaissance dénote déjà que le bien suprême n'est pas affaire d'injonctions morales ou de simples maximes de conduite : il consistera dans *la connaissance de Dieu, de laquelle naîtra un amour entendu comme union à Dieu*. Telle est toute la visée du système, explicitée dans l'*Éthique*. Cette articulation fondamentale entre bien suprême et connaissance de Dieu est exprimée en particulier dans le *Court traité* (II, 22), dans l'*Éthique* (« Le souverain bien de l'Esprit est la connaissance de Dieu, et la souveraine vertu de l'Esprit est de connaître Dieu », IV, 28), ainsi que dans le *Traité théologico-politique* (IV, 4), qui synthétise remarquablement le noyau de la doctrine :

> Plus nous connaissons les choses naturelles, plus parfaitement nous connaissons l'essence de Dieu (qui est la cause de toutes choses). Et par conséquent, toute notre connaissance, c'est-à-dire notre souverain bien, non seulement dépend de la connaissance de Dieu, mais consiste entièrement en elle. Cela résulte encore de ce que l'homme accroît sa perfection en raison de la nature et de la perfection de la chose qu'il aime plus que les autres, et réciproquement. Donc celui-ci est nécessairement le plus parfait et participe le plus à la suprême béatitude, qui aime plus que tout la connaissance intellectuelle de Dieu, l'être assurément le plus parfait, et s'y complaît au plus haut point. C'est donc à cela, à l'amour et à la connaissance de Dieu, que reviennent notre souverain bien et notre béatitude.

Pourquoi se mettre en quête d'un bien suprême ?

C'est d'une expérience, objet des § 1-11 du *Traité de la réforme de l'entendement*, que procède la recherche d'un bien suprême, avec, comme préalable, le sentiment que la vie que mènent ordinairement les hommes n'est pas une vie au sens plein du terme, n'est pas la *vraie vie*.

Le récit se déroule en trois temps. Dans un premier moment (§ 1-5), Spinoza analyse les trois grands types de biens (richesse, honneurs et plaisirs) qui sont communément recherchés par tous. S'ils ne sont pas des maux, ils se révèlent cependant rapidement vains et futiles, car leur font défaut la solidité, la consistance et la permanence – caractères qui font le « bien véritable ». Voilà qui ne se découvre qu'avec l'expérience de la déception qu'ils induisent. En effet, ces trois types de biens peuvent d'une part se transformer en leur contraire : la jouissance en « tristesse extrême » et en hébétude, l'argent et les honneurs en tristesse et en aliénation, par le sentiment de ne jamais en posséder assez. D'autre part, ils divertissent l'esprit, le tiraillent dans des directions opposées et l'emportent dans une quête indéfinie et douloureuse du « toujours plus ». Le vocabulaire du déchirement est ici omniprésent : la quête des honneurs, du plaisir et des richesses ne cesse de nous disperser et de nous tirer en divers sens. Spinoza, remarquons-le, les examine du point de vue non de leur impuissance mais au contraire de leur puissance et de leur efficace : ce sont ainsi les conséquences ou les effets inhibants de ce que les hommes regardent comme le *summum bonum* qui sont mis en évidence. Car richesse, honneurs et plaisir sont encore exclusifs, au sens où, empêchant l'âme de penser à nulle autre chose qu'aux moyens de les posséder, de les renouveler ou de les accroître, ils « divertissent tellement l'esprit qu'il ne peut guère penser [*cogitare*] à quelque autre bien » (§ 3). Être ainsi tout entier focalisé sur un objet exclusif, considéré comme une fin en soi, produit donc une forme d'inhibition de la pensée. Dans le cas des richesses, lorsqu'elles sont recherchées pour elles-mêmes, « beaucoup plus encore » dans le cas des honneurs, toujours recherchés pour eux-mêmes, l'empêchement est d'autant plus puissant que l'esprit identifie ces « biens » au souverain bien.

Toutefois, la déception éprouvée amène à découvrir l'exigence et l'urgence d'un nouveau projet de vie (§ 6-10). Les attributs du bien véritable sont déterminés *a contrario* de ceux des biens décevants : authenticité, consistance, stabilité, communicabilité et cause de joie. La qualité de cette dernière dépend de la qualité de notre relation à l'objet (§ 9) ; plus notre amour se porte sur un objet consistant, plus cet amour est gratifiant et plus notre joie est grande. Mais si la recherche du vrai bien implique une réorientation de l'institution de la vie (§ 3), il ne m'est pas possible de renoncer immédiatement à l'attrait des richesses, du plaisir et de la gloire. De plus, si les biens de la vie ordinaire sont assurés quant à leur accès mais non quant à leur nature (inconsistante et instable), le bien que je recherche est assuré quant à sa nature, mais incertain quant à sa possession (§ 6-7).

Mais il apparaît que la *réflexion* sur l'insuffisance de ces biens communs et sur la qualité de celui que je recherche a pour effet de me détourner de la fascination qu'ils exercent communément. Elle en vient même à révéler comme une forme d'autosuffisance et à constituer un remède, non en tant que consolation, mais en tant que « grand soulagement » (§ 11) : la méditation progressant, les biens communément recherchés sont relativisés, leur caractère s'affaiblit, et le bien véritable apparaît de plus en plus certain et de plus en plus accessible.

Réfléchir, cependant, ne suffit pas. L'accès au bien véritable a en effet sa condition nécessaire : « trouver le moyen de guérir l'entendement et, autant qu'on le peut, de le purifier dès le début, afin qu'il réussisse à avoir des choses la meilleure compréhension possible, exempte d'erreur » (§ 16). C'est là libérer l'esprit des préjugés, renforcer la méthode et, du même coup, la puissance de penser.

Méthode et certitude intrinsèque

Si le bien suprême, la perfection de notre nature, dépend de la connaissance de notre union avec la nature totale, il faut avant tout élucider ce qu'est connaître. Aussi le programme du *Traité de la réforme de l'entendement* est-il mis en œuvre par l'examen du pouvoir de connaître, c'est-à-dire des « modes de perception » – que les textes ultérieurs appelleront « genres de connaissance » – pour en retenir le meilleur. Cette théorie des genres de connaissance – nous le verrons lors de l'examen du *Traité de la réforme de l'entendement* –, Spinoza l'expose dans ses écrits sous des formes diverses (*TRE*, § 19 ; *CT* II, chap. I et II ; *E* II, 40, sc. 2, 41, 42), mais sans contradiction doctrinale. Notons d'emblée qu'il ne s'agit pas de s'élever d'une connaissance des choses sensibles à une connaissance intellectuelle, mais de distinguer entre plusieurs types de connaissances pour ne retenir que celles qui peuvent servir à la fin visée.

Quelle sont donc la voie et la méthode à suivre pour acquérir la meilleure connaissance de notre union avec la nature ? Il y a là difficulté : s'il faut en effet une méthode permettant de saisir sans risque d'erreur « l'essence adéquate de la chose » (§ 29), alors il faut une autre méthode pour trouver la méthode, et ainsi de suite. Comment serait-il alors possible, sans un commencement de processus, de parvenir à quelque connaissance ? L'objection, ancienne, est celle de la régression à l'infini, dont Platon faisait déjà part dans le *Ménon* (80 d-e). Mais elle serait valable seulement si l'on n'admettait aucun outil préalable, et si seule une méthode pouvait, de l'extérieur, nous en livrer. Or, on ne part pas de rien. Spinoza, certainement inspiré à la fois par Bacon (*Novum Organum*, préf. et I, aph. 2) et par Descartes (*Règles pour la direction de l'esprit*, VIII, § 7), procède à une analogie entre la *potestas* corporelle et la *potestas* intellectuelle. La première est processus du perfectionnement technique : si, pour forger le fer, il avait fallu des outils, et pour forger ces derniers, d'autres outils encore, jamais aucun fer n'eût pu un jour être forgé (*TRE*, § 30). Or, la simple observation montre que l'homme, par ses propres instruments naturels (son corps, son habileté), a commencé à fabriquer des instruments rudimentaires et les a progressivement perfectionnés. Il en est de même pour la méthode : nul besoin, pour savoir, de savoir ce qu'est savoir, mais seulement disposer d'au moins une idée claire et distincte (le *cogito* pour Descartes, n'importe quelle idée pour Spinoza). Ainsi, « l'entendement, par sa propre force native, se forme des instruments intellectuels, et de ces ouvrages tire d'autres instruments, c'est-à-dire le pouvoir de pousser plus loin sa recherche » (*TRE*, § 31). L'identité affirmée entre les ouvrages et les instruments de l'entendement rend inutile la recherche d'une méthode préalable et extérieure au cheminement lui-même, tout en justifiant la possibilité d'un progrès de l'entendement (exactement comme une partie de l'*Éthique* sert à construire la suivante).

Mais comment, dans ce cas, parvenir à une vérité ? « Pour la certitude de la vérité, il n'est besoin d'aucun autre signe que la possession de l'idée vraie » (*TRE*, § 35). C'est là une des thèses essentielles de Spinoza : la vérité est norme d'elle-même et du faux. Parce que l'on ne peut savoir sans savoir que l'on sait, sans que le savoir s'affirme intrinsèquement comme tel, la certitude de l'idée n'est plus à chercher extérieurement à l'idée elle-même, exactement comme les théorèmes mathématiques n'ont nul besoin de leurs applications pour être démontrés. De là la célèbre définition qui ouvre le § 43 du *Traité de la réforme de l'entendement* : « la bonne méthode est celle qui doit montrer comment l'esprit doit être dirigé selon la norme d'une idée vraie donnée ». Aucun discours de la méthode, par conséquent, n'a à précéder la recherche du vrai, sinon pour montrer que la méthode tient tout entière dans cette investigation du vrai par lui-même, qu'elle n'est, en d'autres termes, qu'une « connaissance réflexive » (§ 38 et 70), le savoir de ce qui produit la certitude dans l'idée vraie. Ce qui fait le statut de vérité d'une idée, c'est, si l'on veut, son adéquation, mais au sens que Spinoza donne à ce terme : non pas sa conformité à un objet, mais sa propriété intrinsèque de s'expliquer entièrement par la nature de l'esprit qui la pense, autrement dit par le pouvoir qu'il a de s'expliquer par lui-même ce qu'il pense, de tirer de l'idée ce qui en fait la vérité. C'est ce que formulera la proposition 43 de l'*Éthique* II : « Qui a une idée vraie sait en même temps qu'il a une idée vraie et ne peut pas douter de la vérité de la chose ». Comme on peut le lire dans la Lettre 60, « il n'y a aucune différence entre idée vraie et idée adéquate sauf cette relation extrinsèque », au sens où « le mot "vrai" concerne la convenance de l'idée avec son objet, et le mot "adéquat", la nature de l'idée en elle-même ». La méthode est donc réflexion sur une idée vraie donnée (celle de la Substance ou, comme au § 72 du *Traité de la réforme de l'entendement*, celle du cercle), en tant que cette idée est instrument ou règle pour acquérir d'autres connaissances (celle de la rotation d'un segment à partir d'un point fixe, puis celles de la ligne, du point, du mouvement, du repos, etc.). C'est ainsi, et l'*Éthique* en sera l'application même, que les idées s'engendrent les unes des autres.

Ordonnée à la distinction fondamentale entre entendement et imagination (*TRE*, § 84, 87, 89 et 90), la méthode comprend deux moments. Le premier (§ 50 à 90) concerne la distinction de l'idée vraie d'avec trois autres types d'idées issues de l'imagination : l'idée fictive, l'idée fausse et l'idée douteuse. Il importe de souligner ici – comme l'indique le § 84 – que la distinction entre imagination et entendement correspond exactement à la distinction entre la passivité et l'activité de l'esprit : les types d'idées étudiés « ne proviennent pas de l'esprit, mais de causes extérieures ». Apparaît ici, clairement, la future doctrine de l'*Éthique* : l'imagination est « image », c'est-à-dire *reproduction* plutôt que production, alors que l'idée, en sa nature, est *affirmation* et non image, comme le développe le scolie de l'*Éthique* II, 49. C'est pourquoi, en tant qu'adéquate, l'idée affirme l'activité même de connaître. De là le second moment de la méthode (§ 91 à 110) qui, consacré à la production et à la liaison des idées claires et distinctes, élucide ces démarches du penser que sont la bonne définition (§ 91 à 98) et la déduction (§ 99 à 105). Il s'agit en effet de viser à développer la puissance de l'entendement dans la production et l'enchaînement adéquat des idées claires et distinctes, de telle sorte qu'il reproduise l'ordre de la nature elle-même (§ 91).

Philosopher droitement

Ces manières de penser sont parties intégrantes de l'accès à la béatitude, laquelle est donc affaire d'un certain genre de connaissance à déployer. Définir, distinguer et déduire constituent en effet, par-delà le premier *Traité*, des manières de philosopher droitement propres à éclairer les conditions d'un usage correct de la raison en permettant de disposer d'une norme de vérité.

Définir, pour Spinoza, c'est le plus souvent redéfinir les mots en usage, de façon à amener à des perceptions plus justes (par exemple non anthropomorphiques). Afin d'être considérée comme parfaite, dit le § 95 du *Traité de la réforme de l'entendement*, la définition « devra expliquer l'essence intime de la chose et prendre soin de ne pas lui substituer certains caractères propres » – comme substituer à l'essence de Dieu la simplicité, l'éternité, etc. Les propriétés des choses, en effet, par exemple des êtres physiques, ne sont intelligibles ou comprises « tant qu'on ignore leurs essences » (*ibid.*), précisément parce qu'elles résultent de l'essence, de laquelle seule elles peuvent être déduites. Le modèle de définition véritable, selon Spinoza, est donc *génétique* – ou, si l'on veut, causal. La définition parfaite exhibe le mode de production de la chose en en disant *la cause* par laquelle cette chose est créée, de telle sorte, en outre, qu'on puisse en déduire toutes les propriétés. Il y a donc lieu de distinguer soigneusement, d'un côté, l'énoncé de l'*essence*, définition qui permet la déduction (un cercle est une figure décrite par toute ligne dont une extrémité est fixe et l'autre mobile) ; d'un autre côté, celui d'une *propriété* dérivée, de laquelle ne peuvent se déduire d'autres propriétés (pour le cercle : une figure dont les lignes tirées du centre à la circonférence sont égales).

Définir droitement a donc aussi pour condition une autre démarche : savoir distinguer – et donc *éviter les confusions*. Spinoza ne cesse d'attribuer cette compétence à qui se dit ou entend se dire philosophe (voir par exemple la Lettre 4 et le *CT* II, chap. IV, 7). Se voient ainsi pointés les penseurs qui confondent les idées et les images, les noms et les choses (*PM* I, chap. I) ou encore « l'âme avec les choses corporelles » (*ibid.* II, chap. XII). Il y a là une constante : les séparations et distinctions qu'effectue ou doit savoir effectuer un vrai philosophe, le sont moins entre des concepts qu'entre des éléments réels et des éléments irréels (fictions, êtres de raisons, idées universelles, modes du penser en général, etc.).

Mais philosopher droitement signifie encore respecter un ordre (*E* II, 10, sc. du cor.) qui doit être conforme à celui des choses elles-mêmes. Or, si la nature divine, sans laquelle rien ne peut ni être ni être conçu, est antérieure, tant du point de vue gnoséologique qu'ontologique, elle est ce qui doit être pensé avant toutes choses – et non pas être pensé à partir des objets des sens ou de ce qui nous est utile, source du finalisme auxquels sont conduits les hommes que décrit l'appendice du *De Deo*. Respecter l'ordre du philosopher, c'est donc impérativement, comme le projetait déjà clairement le programme du § 42 du *Traité de la réforme de l'entendement*, commencer par la connaissance de Dieu et non par celle des choses singulières – ni par le sujet pensant. L'idée vraie, de laquelle partir, ne peut être en effet une idée tout à fait quelconque : devant permettre de définir et de déduire la totalité, elle doit être l'idée de « l'Être le plus parfait » (*TRE*, § 38 et 39). Le bien suprême se trouvant, chez Spinoza, fondamentalement articulé à la connaissance, si une chose singulière ne peut être réellement connue que dans sa liaison avec le tout, on ne peut concevoir une connaissance qui ne prenne pour objet la cause première et qui n'éclaire, ce faisant, le statut ontologique de l'homme.

L'APPAREIL ONTOLOGIQUE : NATURE ET PROPRIÉTÉS DE DIEU

La connaissance de Dieu n'est donc pas à elle-même sa propre fin : l'ontologie – que rien n'empêche, strictement parlant, de considérer comme une théologie – pose les fondements du projet éthique. « Si on ignore Dieu, on ne peut avoir de connaissance certaine d'aucune autre chose » : que Spinoza puisse parfaitement partager ce propos de Descartes (*Principes de la philosophie* I, 13), il ne peut en revanche admettre qu'il faille « croire tout ce que Dieu a révélé, encore qu'il soit au-dessus de la portée de notre esprit » (*ibid.*, 23). Le Dieu de Spinoza est parfaitement intelligible.

Substance-Dieu-Nature. L'immanence de Dieu

La conception spinozienne de Dieu se démarque radicalement des conceptions anthropomorphiques des religions traditionnelles créationnistes. Toutes les métaphores pour rendre compte du monde, de sa création et de son ordre (Dieu horloger, architecte, Père, Juge, Roi, etc.) sont récusées en tant que fictions de l'imagination, car elles posent une forme de transcendance et, avec elle, une séparation de Dieu et du monde.

« Par Dieu, j'entends un être absolument infini, c'est-à-dire une substance consistant en une infinité d'attributs, dont chacun exprime une essence éternelle et infinie » (*E* I, déf. 6). Cette définition est construite à partir de notions elles-mêmes précédemment définies. L'idée de *substance* – issue, comme celle d'attribut, du vocabulaire scolastique – désigne « ce qui est en soi, et se conçoit par soi-même, c'est-à-dire ce dont le concept ne requiert pas, pour être formé, le concept d'une autre chose » (*E* I, déf. 3). Une substance, c'est ce qu'on ne peut référer à autre chose qu'à elle-même, ou encore expliquer par quelque élément qui lui serait extérieur ou antérieur. Une substance ne peut ainsi être produite par une autre substance, ce qui signifie qu'elle est, en son essence, unique et cause de soi. C'est pourquoi Dieu, défini comme une substance, est unique (*E* I, 14, cor. 1) et existe nécessairement (*E* I, 11), sinon il faudrait pouvoir concevoir une autre chose qui l'empêcherait d'exister et par laquelle, contrairement à la définition d'une substance, il puisse se concevoir. L'existence nécessaire implique en outre qu'une substance ne peut être finie, car ce serait admettre l'existence d'une autre chose qui la limiterait. *Une substance qui existe nécessairement et qui est infinie* : c'est ce que Spinoza nomme Dieu, un être dont l'infinité implique qu'il englobe tout ce qui est – de telle sorte qu'un brin de paille ou un être humain, qu'un astre ou une idée, sont des parties de Dieu.

Le Dieu spinoziste n'a donc rien d'un Dieu absent, lointain ou caché. Parfaitement immanent et indifférent, il est inconcevable qu'il puisse porter quelque jugement sur le cours du monde ou sur le comportement des hommes. C'est une telle conception qu'exprime la fameuse formule : « Dieu ou [*seu*] la nature », parfois « Dieu c'est-à-dire [*sive*] la nature » (*CT* I, chap. II, 12 ; second app., 4 ; *E* IV, préf. ; 4 dém. ; *TTP* I, 27 ; III, 3 ; VI, 3 ; XVI, 2 ; Lettre 6, § 34). « Nature » (un terme que Spinoza ne définit jamais) peut ici se prendre selon un double sens : d'une part comme totalité cumulative de toutes les choses existantes, avec leurs propriétés, leurs connexions et l'ensemble des lois constantes auxquelles elles sont soumises ; d'autre part comme vie de cette totalité (voir *PM* I, 6), production infinie d'effets.

Substance-Dieu-Nature : cette trilogie situe l'ontologie spinozienne en rupture avec toute forme de transcendance comme avec le dualisme métaphysique – qu'il soit celui de l'ontologie cartésienne ou celui des religions monothéistes – propre à justifier le concept de Création *ex nihilo* et à dissocier le Créateur de ses créatures. Voilà qui implique un certain mode d'action divine, selon un certain type de causalité. Dieu ne peut agir dans le monde comme cause transitive, extérieure à l'effet qu'elle produit, comme le ferait un Premier moteur, mais seulement comme cause immanente (*E* I, 18), qui produit son effet en elle-même. Tandis que l'existence des êtres finis s'explique de façon transitive par celle d'autres êtres finis, Dieu exprime ici sa puissance sans aucunement s'en départir.

Substance-Attributs-Modes. La puissance de Dieu

La définition de Dieu précise cette substance qu'il est. Intervient ici une seconde trilogie : *Substance-Attribut-Modes* – par laquelle la substance se donne comme déterminable et connaissable. Empruntée à Descartes (*Principes de la philosophie* I, 51-56), Spinoza remanie la conception de cette trilogie. Un *attribut* désigne « ce que l'entendement perçoit d'une substance comme constituant son essence » (*E* I, déf. 4). Ni simplement propriétés ni parties de la substance, comme s'ils en étaient distincts, ni dégradations ontologiques, les attributs *sont la substance elle-même* considérée sous un certain aspect (*E* II, 7, sc.), ou bien encore les registres, en leur genre infinis et éternels, par lesquels, comme chez Descartes, la substance est connue – comme en témoigne la formule, employée à plusieurs reprises : « Dieu, autrement dit tous les attributs de Dieu » (*E* I, 19 ; 20, cor. 2). C'est pourquoi il n'est pas nécessaire de connaître une infinité d'attributs pour prétendre connaître l'essence de la substance absolument infinie. La Pensée et l'Étendue sont seulement deux de ces attributs – eux-mêmes infinis – que nous pouvons saisir, compte tenu de la perspective propre de notre esprit. Ils ne sont donc rien d'autre que des *expressions* différentes (non des signes ou des indications) d'une seule et même substance. Ainsi, et à la condition de distinguer entre l'imagination qui divise la matière en parties, et l'entendement qui la conçoit, il est permis d'affirmer, sans contradiction, que Dieu peut être perçu en tant que corps.

Quant aux réalités singulières (*tel* corps ou *tel* esprit), elles sont à comprendre comme des *modes*, c'est-à-dire des manières singulières selon lesquelles chaque attribut « existe » concrètement : « Par mode j'entends les affections d'une substance, autrement dit ce qui est en une autre chose et se conçoit aussi par elle » (*E* I, déf. 5). Il s'agit donc encore (car il s'agit toujours) de la substance, mais affectée, modifiée d'une certaine manière, à travers un attribut. Les modes de l'Étendue sont tous les corps, les choses particulières soumises au devenir (un cercle, un corps humain, un arbre) ; les modes de la Pensée sont toutes les volitions, les sentiments et les idées (l'idée du cercle, l'esprit en tant qu'idée du corps). Alors que l'Étendue se conçoit par elle-même, indépendamment du mouvement et du repos, le mode tire son existence et son intelligibilité d'autre chose que lui-même ; le déplacement d'un corps est ainsi dans l'Étendue et ne se conçoit qu'en elle et par elle.

Mais il y a lieu de distinguer entre des modes infinis et des modes finis. Tandis que ceux-ci sont nécessairement produits par autre chose, c'est-à-dire par la médiation d'autres modes finis, ceux-là le sont en chaque attribut, soit immédiatement, soit par la médiation d'autres modes infinis. On distinguera donc la Pensée, attribut constituant l'essence même de Dieu, et l'entendement infini de Dieu, qui est l'idée que Dieu a de lui-même. Cette idée est un *mode infini* de l'attribut Pensée, c'est-à-dire une manière pour Dieu de s'exprimer, qui comprend en elle-même toutes les idées finies, produites par Dieu, donc, en tant qu'il est lui-même exprimé par une autre idée finie. En d'autres termes, Dieu est toujours la cause de toutes ses modifications (ou affections) ; mais ce qui est infini est produit par lui, ou bien directement à travers l'un de ses attributs (c'est le mode infini immédiat), ou bien indirectement, à travers un autre mode infini (c'est le mode infini médiat). Et ce qui est fini est encore produit par lui, mais en tant qu'il s'exprime lui-même à travers une chose finie.

Il faut ici comprendre que, de la substance aux modes, il n'y a nulle hiérarchie ou déchéance : les modes (une pierre, un animal, un homme) sont « *en* autre chose », c'est-à-dire en Dieu. Tout autant, Dieu est en eux, au sens où les modes en expriment la nature d'une façon déterminée et éminemment variée. Toutefois, si les effets de Dieu, cause immanente, demeurent en lui-même, cela ne signifie pas qu'il faille identifier les effets et la cause, les modes et la substance, laquelle n'est pas en autre chose et n'est conçu que par soi. Autrement dit, les modes, dont l'existence s'explique par des causes extérieures, sont d'une part soumis au régime de la dépendance et de la contrainte, et, d'autre part, ne sont pas constitutifs de la substance mais en sont *expressifs*, à titre d'états ou d'effets.

En vertu de sa nature même, Dieu n'est pas un être inerte : il est cause de soi et d'« une infinité de choses en une infinité de modes » (*E* I, 16). Il n'est ici question de rien d'autre que de la légalité de la nature elle-même, en sa richesse, sa diversité et sa profusion. Au plus loin du

Dieu des religions révélées, le Dieu de Spinoza se définit par sa *puissance*, infiniment productrice d'effets selon des lois absolument nécessaires. Cette puissance n'est rien d'autre que « son essence elle-même » (*E* I, 34), non pas une *potestas*, à l'image d'un roi qui règne et décrète (*E* II, 3, sc.), mais bien une *potentia*, infinie puissance de production de modes idéels ou corporels, qui sont en Dieu, sans nul écart ontologique, donc, entre sa puissance et celle de la totalité infinie de ses productions. L'immanence implique que l'action de Dieu se traduit immédiatement dans les choses. C'est donc non seulement par le rejet du dualisme, qui fait de la Pensée et de l'Étendue deux substances distinctes, mais également par l'affirmation de l'immanence de la puissance divine, que Spinoza diverge de la pensée cartésienne.

Un déterminisme intégral

Une façon de poser le problème de la liberté humaine est de se demander si elle relève d'un pouvoir de déroger au déterminisme universel, ou bien si elle peut s'inscrire au sein même de ce déterminisme, ce qui est la thèse de Spinoza. Empruntant encore ici au vocabulaire scolastique, l'auteur de *l'Éthique* entend par « nature naturante » Dieu même, considéré comme cause libre, précisément parce qu'il agit en vertu de la nécessité de sa nature. Qu'il s'agisse en effet de Dieu ou de l'homme, la liberté n'est pas un pouvoir de choix arbitraire, en l'absence de toute détermination ; elle s'oppose non à la nécessité, mais à la contrainte : « je ne place pas la liberté dans un libre décret, mais dans une libre nécessité », écrit Spinoza à Schuller (Lettre 58). Être libre, nous le reverrons, ce ne peut être déroger à la nécessité, mais c'est se déterminer par soi seul à agir, tandis qu'être contraint, c'est être déterminé à exister et à agir *par autre chose* que soi. Si les hommes peuvent être contraints, Dieu seul « agit d'après les seules lois de sa propre nature, et sans être contraint par personne » (*E* I, 17) ; il n'est donné nulle cause interne (la bonté, la miséricorde) ou externe (le Bien) qui, différente de lui-même, l'inciterait à agir. La « nature naturée » – dénomination qui n'introduit aucune dualité – désigne quant à elle tout ce qui suit de la nature de Dieu, tous les modes qui ne peuvent, sans lui, ni être ni être conçus (*E* I, 29, sc.). Or, la causalité des opérations de Dieu est telle que tout ce qui suit de sa nature en suit de façon nécessaire et se voit nécessairement déterminé à opérer un certain effet (*E* I, 26). Il y a là un point majeur : ce qui fait la nature même de la causalité de Dieu est sa légalité. Que notre monde nous apparaisse livré au hasard ou à la contingence, ou que nous ayons pour nous-mêmes le sentiment d'un libre arbitre, ce n'est là, pour Spinoza, qu'un effet de notre ignorance de la nécessité qui relie et régit toutes choses : les productions de Dieu suivent de son essence comme il suit de la nature du triangle (qui produit aussi ses effets), que ses trois angles égalent deux droits.

D'une part, cette nécessité – qu'il va précisément s'agir de comprendre – est une nécessité qui n'est ni aveugle ni capricieuse, mais rationnelle. Le déterminisme, qui ne saurait être identifié à un fatalisme, signifie qu'une chose (un corps, un sentiment ou un phénomène climatique) est le résultat de causes auxquelles elle est rattachée selon des lois naturelles invariables, de telle sorte qu'elle s'explique rationnellement par ces causes. D'autre part, « les choses ont été produites par Dieu avec une suprême perfection » (*E* I, 33, sc. 2), du fait même qu'elles ne sauraient être autrement. Que Dieu soit actuellement et pleinement tout ce qu'il peut être ne laisse place, ontologiquement parlant, à aucune potentialité ni à aucune espèce d'impuissance ou de manque, sinon à comparer avec des idéaux ou des images, c'est-à-dire avec des fictions. Il n'est pas de devoir être opposable à l'être, et la vue ne manque ainsi pas plus à l'aveugle qu'elle ne manque à la pierre.

Ce déterminisme intégral, c'est ce qu'énonce la proposition 28 de l'*Éthique* I :

> Une chose singulière quelle qu'elle soit, autrement dit toute chose qui est finie et possède une existence déterminée, ne peut exister ni être déterminée à opérer que si elle est déterminée à exister et à opérer par une autre cause, qui elle aussi est finie et possède une existence déterminée ; et cette cause à son tour ne peut pas elle non plus exister ni être déterminée à opérer sans une autre, qui elle aussi est finie et possède une existence déterminée, pour la déterminer à exister et à opérer, et ainsi à l'infini.

Cette proposition, la plus longue de l'*Éthique*, tout en cascade et en scansion, entend donner à voir la complexité des rapports de causalité entre les choses finies qui constituent l'ordre commun de la nature. Les choses ne cessent d'agir les unes sur les autres : un virus sur un organisme, qui va y réagir ; la lune sur les marées, qui vont alors charrier le sable ; l'image de la renommée qui réjouit celui qui est épris de gloire. Mais il faut bien observer que c'est à *une double détermination* qu'est nécessairement soumise toute chose singulière : celle qui leur vient des causes extérieures et celle qui leur vient de Dieu (*E* I, 26, 27), par laquelle tout ce qui existe, tout mode fini, est investi d'une consistance et d'une puissance de produire des effets. Cette proposition 28 affirme donc le statut éminemment *relationnel* des choses singulières – que ce soit en termes d'aide, d'empêchement, de production, etc. La puissance d'un mode est, par définition, inévitablement limitée, contrainte ou favorisée par celle d'un autre mode : deux corps ne peuvent occuper le même espace, l'humus nourrit la plante, les gros poissons mangent les plus petits. Il y a là une chaîne indéfinie de rencontres, de causes et d'effets, et l'indication, claire, que connaître, conformément à la maxime répandue depuis Aristote (*Seconds Analytiques* I, 2), sera uniquement connaître par les causes. Parce que cet enchaînement est l'expression de Dieu, ce dernier, précise le scolie de la proposition 28, n'en saurait être la « cause lointaine », mais la « cause absolument prochaine ». Si tout ce qui est est en Dieu et dépend de lui, il ne peut être cause éloignée des effets qui sont également en lui – ce pourquoi il sera vain de chercher, de quoi que ce soit, une explication par les fins.

Il convient ici d'apporter une précision sur ce déterminisme spinozien. Si le mode, en son existence, renvoie à celle de la substance unique comme à sa cause, il n'existe aussi et n'est conçu que dans la dépendance à l'égard d'autres modes *du même genre*. Les idées particulières, modes de la substance sous l'aspect de l'attribut Pensée, tout comme les choses matérielles particulières, modes de la substance sous l'aspect de l'attribut Étendue, procèdent de lois propres et déterminées qui sont celles de la Pensée ou de l'Étendue. La causalité ne se déploie toujours que sous l'aspect d'un seul et même attribut : les idées produisent d'autres idées mais non des mouvements matériels, lesquels produisent non pas des idées mais d'autres mouvements matériels. En vertu, par conséquent, de la distinction attributive, il ne saurait y avoir d'interaction causale entre lois de la Pensée et lois de l'Étendue, c'est-à-dire, comme cela sera le cas, entre l'âme et le corps.

S'attaquer au finalisme

L'appendice à la partie I de l'*Éthique*, qui en est à la fois le prolongement et la conclusion, entreprend de déconstruire le préjugé qui fait gravement obstacle à sa compréhension : celui des causes finales dans la nature. Spinoza l'énonce ainsi :

> Les hommes supposent communément que les choses de la nature agissent toutes, comme eux-mêmes, en vue d'une fin ; que dis-je !, ils posent comme certain que Dieu lui-même dirige tout vers une fin bien précise : ils disent en effet que Dieu a tout fait en vue de l'homme, et qu'il a fait l'homme pour qu'il lui rende un culte.

La finalité n'est pas une pure illusion. Elle renvoie à la structure même du désir des hommes, qui tous « font ce qu'ils font en vue d'une fin, à savoir en vue de l'utile dont ils ont l'appétit ». Certes, ils ignorent que leur désir est une expression déterminée de la nécessité divine, qui s'explique non par la force d'une fin, mais par sa propre puissance d'affirmation. C'est en ce sens que la finalité est une illusion, qui procède de l'imagination : nous imaginons que les choses de la nature sont comme les instruments que nous fabriquons, pour notre usage, et que Dieu lui-même produit les choses comme nous le faisons, en vue d'une fin (le Bien, la conservation de l'homme). Mais imaginer de la sorte des causes finales dans la nature, c'est, comme le font les superstitions les plus répandues, les religions révélées et dans une certaine mesure Descartes lui-même (*Principes de la philosophie* III, 2 et 3 ; Lettre à Hyperaspistes d'août 1641, 10), renverser la nature de Dieu, juger de la cause par l'effet et de Dieu par l'homme. Rien n'est moins étranger au Dieu-nature de Spinoza que cette représentation tout anthropomorphique de la divinité.

La démarche du philosophe hollandais obéit à ce principe essentiel consistant non pas à juger, à se moquer ou à s'affliger, mais à prendre le point de vue des causes et du vrai, en l'occurrence à *comprendre* un processus spontané, celui des hommes d'emblée soumis à leur imagination et à leurs désirs, pris pour la mesure de toutes choses. Véritable généalogie des préjugés humains, l'appendice à l'*Éthique* I démonte – c'est-à-dire explique – le mécanisme de ces fictions fondées sur l'ignorance des causes réelles des phénomènes, et leurs conséquences désastreuses sur les plans idéologique, moral et même politique. On pensera ainsi expliquer la nature des choses par des notions telles que le bon et le mauvais, l'ordre et la confusion, autant d'êtres d'imagination, sans doute commodes, mais totalement relatifs aux désirs comme aux effets, sur soi, des causes extérieures. Si l'on cherche quelle est l'utilité des yeux, on est nécessairement amené à les considérer non pas comme les causes d'un effet (la vision), mais comme les moyens au service d'une fin. Or, nous n'avons pas des yeux pour voir (par la grâce de quelque intention bienfaisante), mais nous voyons parce que nous avons des yeux.

On ne luttera contre l'illusion finaliste qu'en lui opposant une autre norme de vérité, celle de la mathématique qui, dit l'appendice, « s'occupe non pas des fins mais seulement des essences et des propriétés des figures ». Et de fait, Spinoza, étendant le modèle mathématique – auquel se réfère toute la science moderne – à la connaissance de Dieu, a bien commencé son ouvrage par la définition d'essences, dont les propriétés ont été déduites par la suite.

Les catégories spinoziennes constituent une compréhension toute mécaniste du réel, telle que l'auteur de l'*Éthique* préfère explicitement se ranger aux côtés des

Atomistes antiques plutôt qu'à ceux qui, à l'instar de Platon et d'Aristote, ont cru aux qualités occultes et aux causes finales, considérées comme constitutives du réel et conditions de son intelligibilité (Lettre 56).

La démarcation spinozienne est radicale : rejet du finalisme ; affirmation d'une immanence totale ; absurdité de la conception d'un Dieu soumis à un modèle extérieur (le Bien, la Perfection) propre à ordonner ses actions (*E* I, 23, fin du sc. 2), ou qui en fait encore un être incompréhensible, pleinement libre de ses choix, comme si, par conséquent, le monde avait pu être autre qu'il n'est. Pourquoi, peut-on finalement se demander, nommer encore « Dieu » ce qui en vérité ne correspond plus en rien aux représentations théologiques et populaires de ces termes ? Il est permis d'avancer que Spinoza conserve le terme pour l'adosser à l'idée de l'infinie puissance de Dieu, dont il fait son essence. Mais sans doute faut-il rappeler la nature de sa démarche à l'égard du langage : non pas inventer des mots ni bouleverser le vocabulaire, mais en opérer des redéfinitions auxquelles se tenir, en laissant là la tradition. Rien n'empêche donc Spinoza de conserver le mot « Dieu » s'il se charge en effet d'en redéfinir la notion. Plus encore, il se peut que l'impact polémique s'en voie davantage renforcé : conserver le terme que la tradition a chargé de significations et de représentations anthropomorphiques, mais en subvertir le sens en le vidant de toute transcendance, c'est aussi faire comprendre aux adversaires (pasteurs, théologiens ou philosophes) ce qu'ils pensent – imaginairement – lorsqu'ils pensent à Dieu, et qu'ils ne savent pas ce qu'ils disent lorsqu'ils en invoquent le nom.

Quant à ce mode fini qu'est l'homme, il semble traversé d'une forme d'ambivalence, puisqu'il existe et opère en vertu d'autres causes finies, tout en pouvant produire lui-même des effets – puisque « Rien n'existe dont la nature n'ait pour conséquence quelque effet » (I, 36). Tout l'enjeu consiste dès lors à établir comment l'homme peut être réellement l'auteur d'effets qui suivent de sa propre nature, et quels sont ceux qu'il lui faut produire.

ÂME ET CORPS. IMAGES ET IDÉES

L'âme comme idée du corps : l'unité de l'individu

L'axiome 2 de la partie II de l'*Éthique*, propre à déconcerter au regard de la démarche cartésienne, pose que « l'homme pense ». Il ne s'agit pas là du « je » d'un sujet qui pense, mais d'une pensée qui s'exprime et se manifeste en ce mode qu'est l'homme. Or, quels peuvent être le statut et les objets de cette pensée, pour ce mode que nous savons nécessairement déterminé à exister et à opérer par une autre chose ?

L'âme de l'homme est l'expression, dans l'attribut de la Pensée, d'une réalité déterminée, et le corps, sous l'attribut de l'Étendue, de cette même réalité. Il s'ensuit, parce que Dieu est un, qu'« un mode de l'Étendue et l'idée de ce mode sont une seule et même chose, mais exprimée de deux façons » (*E* II, 7, sc.). Comme telle, l'âme est donc seulement une *idée*, celle « d'un mode de l'Étendue bien précis qui existe en acte, et rien de plus » (*E* II, 13). Il convient de préciser que c'est en deux sens qu'une idée peut avoir Dieu pour cause : d'une part, pour toute idée, en tant que Dieu est infini ; d'autre part, pour l'idée d'une chose qui existe actuellement, en tant que Dieu est cause, également, de l'idée d'une autre chose dont l'existence actuelle est liée à celle de la première. Exister, pour l'âme, c'est donc penser, c'est-à-dire former des idées qui perçoivent ce qui arrive à leur objet. Or, mon âme étant *une partie* de l'entendement infini de Dieu (*E* II, 11, cor.), il s'ensuit qu'en tant qu'idée, elle est l'idée d'une chose singulière dont elle perçoit les modifications, à savoir le corps. Au mode de l'Étendue qu'est notre *corps* correspond ainsi le mode de la pensée qui est *idée de ce corps* et de ce qui lui arrive (*E* II, 19-21). Mon âme consiste donc dans les idées (ou la conscience) de ce qui arrive à mon corps, diversement affecté, et c'est seulement à travers ces idées des affections du corps propre qu'elle le perçoit. En somme, l'âme n'est que la conscience plus ou moins claire que le corps a de lui-même.

Comprendre cette unité âme-corps que nous sommes requiert d'élucider le type de correspondance qui la constitue. Les études spinozistes récentes ont montré le caractère réducteur, sinon erroné, de la notion de « parallélisme » – une notion d'origine leibnizienne, que Spinoza n'emploie pas. Elle manque en effet de restituer ce point crucial de la conception spinozienne selon lequel l'âme et le corps désignent une seule et même chose exprimée de deux manières, comme le rappelle fortement le scolie de l'*Éthique* II, 21. On préférera ici le terme d'« égalité » (C. Jaquet, *L'unité du corps et de l'esprit; affects, actions et passions chez Spinoza*, p. 15), que Spinoza emploie lui-même pour exprimer le fait que la puissance de penser de Dieu va de pair avec sa puissance d'agir (*E* II, 7, cor.), ou que celle de l'âme, pour penser, va de pair avec celle du corps pour agir (*E* III, 28, dém.).

L'*unité psychophysique* se fonde donc sur l'ontologie. Or, ce même fondement conduit à exclure toute interaction, au sens d'une causalité réciproque entre les événements relevant du mode de la Pensée et ceux relevant du mode de l'Étendue, radicalement hétérogènes : « le corps ne peut déterminer l'âme à penser, et l'âme ne peut déterminer le corps ni au mouvement, ni au repos, ni à quoi que ce soit d'autre (si autre il y a) » (*E* III, 2). Pourquoi, plus précisément, exclure une telle interaction, que l'expérience semble bien attester – comme lorsque de la décision de marcher plus vite ou de nous asseoir s'ensuivent effectivement ces actions ? Le ressort de la thèse spinozienne se situe au niveau des attributs de la Pensée et de l'Étendue qui, *chacun à sa manière*, expriment l'essence d'une même et unique substance. La distinction attributive (chaque attribut étant conçu et parfaitement intelligible par soi) fonde l'impossibilité d'une interaction causale, la causalité demeurant seulement intra-attributive. C'est de cette absence de causalité entre les deux attributs divins que se déduit la fameuse proposition 7 de l'*Éthique* II, énonçant l'égalité entre modes de la Pensée et modes de l'Étendue : « l'ordre et la connexion des idées sont les mêmes que l'ordre et la connexion des choses ». La façon dont Dieu a toutes les idées ne diffère point de la façon dont il produit les choses ; il s'agit des « mêmes » ordre et connexion, des mêmes enchaînements causals, parce que la substance est unique et que ses attributs ne sont que des manières de la considérer. Produire ou associer des idées, du corps propre ou des corps extérieurs, est un processus mental ; il n'est pas *étranger*, mais *hétérogène* aux processus proprement corporels ou matériels qui obéissent à leurs lois spécifiques. Seules des idées peuvent déterminer d'autres idées à exister et à opérer ; seuls des corps le peuvent pour d'autres corps – ce à quoi est consacré le long scolie de la proposition 2 de l'*Éthique* III. Spinoza prend ici le contrepied – comme le fera très explicitement la préface de l'*Éthique* V – de la position cartésienne d'un corps capable de produire en l'âme des passions, comme d'une âme elle-même capable de mouvoir le corps et d'en maîtriser les passions.

Mais si telle est la façon dont se donne l'égalité sans interaction, comment est-il possible de parler, en toute rigueur, d'union psychophysique ? Pensée et Étendue, nous l'avons vu, ne font qu'exprimer différemment une seule et même réalité. L'absence d'interaction ne signifie donc pas plus une relation d'extériorité que leur unité ne signifie un composé : l'union est à comprendre sur fond d'identité ontologique. Aussi la distinction ne se situe-t-elle pas entre deux substances distinctes qui interagissent, comme chez Descartes, par le biais d'une glande pinéale ; elle est à saisir du seul point de vue modal, comme l'exprime le *Traité de la réforme de l'entendement* : « Une chose est le cercle, autre chose l'idée du cercle [...], et l'idée du corps n'est pas le corps lui-même » (§ 33). Plutôt que d'union, terme qui pourrait laisser supposer la conjonction de deux éléments distincts, il serait plus juste de parler d'*unité*, étant donné l'indissociabilité de l'idée et de son idéat, puisque si l'âme est idée du corps, « il ne pourra rien arriver dans ce corps que l'âme ne perçoive » (*E* II, 12).

C'est donc seulement à travers les idées des affections du corps que l'âme perçoit ce corps. Mais c'est également à travers les idées de ces idées qu'elle se perçoit elle-même (*E* II, 22-23). Elle ne se réduit donc pas à être l'idée du corps – même si elle l'est toujours fondamentalement. Le corps propre est en effet l'être actuel de l'âme seulement « en premier lieu » (*E* II, 11) : en en percevant les affections, elle perçoit également les idées de ces affections, et elle peut alors se nommer *conscience, idée de l'idée.* Parce qu'il est de l'essence de l'idée de se savoir elle-même, l'âme se saisit également elle-même, c'est-à-dire qu'elle est, comme le dit le *Traité de la réforme de l'entendement*, « [...] connaissance réflexive ou l'idée de l'idée » (§ 38).

Les propriétés essentielles du corps

Comprendre plus avant la nature de l'âme requiert de préciser et la nature du corps, et celle de l'idée. De quel corps l'âme est-elle l'idée ? Ce qu'il est convenu d'appeler « l'abrégé de physique », inséré entre les propositions 13 et 14 de l'*Éthique* II, demande d'être mis en perspective. S'attacher à expliciter la constitution et la puissance du corps humain prend en effet pleinement part au projet éthique. Point d'insertion de l'homme dans la nature, il en est lui-même un élément d'ordre « matériel », en même temps que le contenu de l'âme, sans lequel il n'y aurait pas d'âme. Le corps est donc le protagoniste d'un salut qui se fait avec et non contre lui, et c'est seulement de ce point de vue sotériologique que Spinoza s'y intéresse. Le but de l'abrégé de physique n'est donc pas seulement physique ; il est parfaitement intégré à la recherche éthique, en ce qu'il montre en quoi l'âme humaine est d'autant plus apte à percevoir un très grand nombre de choses « que son corps peut être disposé d'un plus grand nombre de façons » (*E* II, 14).

On mesurera ici la distance qui sépare Spinoza de Descartes : l'âme, pour ce dernier, condition de possibilité de la connaissance du corps, est plus aisée à connaître que lui, parce qu'elle se définit par la conscience ou pensée. La connaissance que nous en avons est donc une intuition immédiate, tandis que celle du corps est d'emblée mêlée de sensations et d'images. Chacune des deux substances est pensable sans faire intervenir l'idée de l'autre. Pour le penseur hollandais, l'âme n'est pas plus ou moins facile à connaître que le corps : leur connaissance marche au même pas, puisque celle de l'âme et de ses aptitudes est parfaitement indissociable de celle de la nature des corps en général et du corps humain en particulier.

En ses propriétés essentielles, le corps humain constitue un « individu » très complexe, composé d'un très grand nombre d'individus, fluides, mous ou durs. Ceux-ci – et donc le corps lui-même – sont aptes à être affectés (et régénérés) par de nombreux corps extérieurs et d'un très grand nombre de façons. Ces corps, notre corps est apte à les mouvoir, à les disposer diversement et à en garder la trace. Il est tel, en somme, qu'il se trouve *en commerce perpétuel* avec les autres corps de la nature, un commerce nécessaire à sa conservation. En outre, plus que les autres corps (comme l'eau ou le granit), il possède une puissance d'accomplir et de subir plusieurs actions à la fois (*E* II, 13, sc.). Aussi, selon qu'un corps est plus apte à être disposé d'un plus grand nombre de façons, l'âme est elle-même plus apte à percevoir un très grand nombre de choses et à être composée d'un plus grand nombre d'idées. L'âme, cependant, n'est pas l'idée de toutes ces propriétés que déduit Spinoza ; elle est celle de son propre corps, tel qu'elle le vit et le perçoit.

Ce qui se nomme « idée », maintenant, ne désigne pas, selon la fameuse formule, « quelque chose de muet comme une peinture sur un tableau » (*E* II, 43, sc.). Une idée est « un concept de l'âme, que l'âme forme parce qu'elle est une chose qui pense » (*E* II, déf. 3). Autant Spinoza, dans le *Court traité* (II, 15, 5), considérait l'entendement comme un pur pâtir – semblablement à Descartes (dans la Lettre à Regius de mai 1641) – autant l'*Éthique* démarque nettement l'idée de son sens traditionnel de modèle de la chose, la définissant comme un concept (actif) plutôt que comme une perception (passive). En d'autres termes, l'idée n'est pas *représentative* mais *affirmative* de l'existence de son objet. Que l'âme, donc, se définisse comme la conscience du corps, ce n'est nullement à titre de simple reflet, mais comme l'activité de poser et d'affirmer, dans la pensée, l'existence du corps, dans ses relations plus ou moins directes avec les autres corps.

Il faut souligner combien cette conception du corps bouleverse les croyances admises et les doctrines traditionnelles. Se démarquant radicalement de Platon, qui fait du corps une prison de l'âme ; d'Aristote, selon lequel l'âme, forme du corps, a pour objet premier immédiat non pas le corps mais les sensibles externes (*De Anima* II, 5) ; de Descartes, enfin, pour qui le corps est ce que l'âme, substance indépendante, doit dompter pour dominer les passions, Spinoza réhabilite le corps et affirme, idée à peine audible, que Dieu lui-même est étendu. Les enjeux sont essentiels. Il n'y a plus aucun sens à parler de la relation entre l'âme et le corps en termes de maîtrise ou de souveraineté de l'un ou de l'une sur l'autre. En outre, la définition de l'âme en repousse toute idée d'immortalité (autre sera la question de son éternité) en en écartant les conditions, en termes d'indépendance ou de séparabilité, elles-mêmes fondées un dualisme substantiel.

Ce qu'est d'emblée connaître : l'imagination

Toute connaissance renvoie donc d'abord, nécessairement, à une certaine façon qu'a le corps d'être affecté par un objet extérieur. Loin que l'âme saisisse d'emblée les propriétés ou les causes des choses telles qu'elles sont en soi, son rapport à elle-même, à son corps comme au monde, est d'abord *imaginatif*.

L'imagination, chez Spinoza, est un terme générique qui recouvre la totalité du champ de la représentation par les organes des sens – que les objets représentés soient ou non actuellement présents. Il y a imagination lorsque, par les sens, c'est-à-dire par mon corps, je suis affecté par des objets. Et je le suis sans cesse, selon des façons et à des degrés divers, par les innombrables corps qui m'environnent. Plus précisément, l'*image* (*imago*) est une modification corporelle qui résulte de la rencontre de mon corps avec une chose qui m'affecte (une friandise agréable à mon palais), c'est-à-dire qui produit une modification tant au niveau de la bouche que du cerveau. L'âme produit alors des idées de ces affections corporelles. L'image a ainsi pour complément une idée, qui est l'idée de cette image (la friandise comme objet agréable). C'est ce que Spinoza nomme une *imagination* (*imaginatio*) : « Les affections du corps humain dont les idées représentent les corps extérieurs comme nous étant présents, nous les appellerons images des choses, même si elles ne reproduisent pas les figures des choses. Et lorsque l'âme se représente les corps de cette manière, nous disons qu'elle imagine » (*E* II, 17, sc.). Ainsi, lorsque nous avons l'idée du Soleil comme d'une petite boule jaune au-dessus de notre tête, ce que nous percevons, en réalité, c'est la manière dont notre propre corps est affecté par ce corps céleste (c'est pourquoi Spinoza précise, dans sa définition de l'image, qu'elle ne reproduit pas les figures des choses). En outre, puisque l'âme perçoit seulement les modifications de son corps par les corps extérieurs, il suffit que cette modification se produise une fois pour qu'elle se maintienne (tant qu'une autre ne vient pas la remplacer) et puisse se reproduire à nouveau. Nous imaginons alors la chose comme présente, bien qu'elle soit absente.

Idées adéquates, inadéquates et erronées

L'abrégé de physique a montré en quoi le corps humain est apte, davantage et plus diversement que les autres corps, à être affecté par les corps extérieurs. Il se produit alors dans l'âme une multitude d'idées correspondant à ces affections changeantes (*E* II, 14-15). Toutefois, et ce point est essentiel, cela ne signifie pas que mon âme comprend ou connaît clairement et distinctement cette affection corporelle. Elle ne perçoit immédiatement que le corps modifié, de telle sorte que cette idée d'une affection de notre corps qu'est une imagination, « en dit plus long » sur la manière dont notre corps est disposé par ce qui l'affecte que sur l'essence des objets qui produisent en lui des affections. Voilà qui spécifie l'imagination : « les idées que nous avons des corps extérieurs indiquent plutôt l'état de notre corps que la nature des corps extérieurs » (*E* II, 16, cor. 2). Percevoir le soleil situé à deux cents pieds, c'est le connaître non en sa véritable distance, mais seulement en tant qu'il affecte notre corps, c'est-à-dire en fonction de nos propres structures de perception. Le processus est ici le même que dans l'appendice à la partie I de l'*Éthique*, où Spinoza a établi la relativité des valeurs telles que le beau et le laid, ramenés à des effets variables que les choses produisent sur nous – en l'occurrence sur nos yeux.

En elles-mêmes, donc, de telles idées ne sauraient faire connaître véritablement ni la nature du corps propre, ni celle de ses affections particulières, pas plus que celle des corps extérieurs qu'elles nous représentent (*E* II, 24-29).

Il en va aussi, par conséquent, de l'idée qu'a l'âme d'elle-même (*E* II, 28, sc.). Ces idées, autrement dit, sont *inadéquates*, en ce que nous ne saisissons en vérité que les *effets* produits par ces corps sur le nôtre, ce qui est, pour l'âme, ne pas *comprendre* ce qu'elle perçoit. Nous disons que nous avons une idée vraie ou adéquate lorsque nous avons, en même temps que l'idée de l'affection corporelle, l'ensemble des autres idées qui font comprendre la nature véritable de l'idée imaginative, lorsque Dieu, en d'autres termes, a cette même idée en tant qu'il constitue l'essence de notre âme ou s'explique seulement par elle. Certes le vrai, convenance de l'idée avec son idéat, se distingue de l'adéquat, qui se rapporte à la nature de l'idée considérée en elle-même (Lettre 60). Mais, rapportée à Dieu, toute idée est nécessairement vraie, c'est-à-dire parfaite, complète, adéquate. Quand nous connaissons adéquatement, c'est Dieu qui connaît à travers nous (d'une manière particulière, donc) en tant qu'il constitue la nature de notre âme. Comme partie de l'entendement de Dieu, celle-ci exprime alors la puissance de penser divine. Mais

> (…) quand nous disons que Dieu a telle ou telle idée non pas seulement en tant qu'il constitue la nature de l'âme humaine, mais en tant qu'il a aussi, en même temps que l'âme humaine, l'idée d'une autre chose, alors nous disons que l'âme humaine perçoit la chose partiellement, autrement dit inadéquatement. (*E* II, 11, cor.)

L'idée est inadéquate lorsqu'elle ne s'explique pas par la seule puissance de notre âme, qui n'en est que la cause *partielle* (voir *E* II, 36, dém.), puisque cette idée est pour partie déterminée, en son existence et en son contenu, par l'action des causes extérieures à travers les modifications de notre corps. L'âme a ainsi des idées inadéquates d'elle-même, des corps extérieurs et de son propre corps, parce que l'existence et la constitution de ce dernier, engagé dans l'ordre commun de la nature, sont nécessairement soumises à l'influence des corps extérieurs.

Mais si ce genre de connaissance, imaginative, est seul « cause de la fausseté » (*E* II, 41), doit-on toutefois associer imagination et erreur, idée inadéquate et idée erronée ? Spinoza précise :

> [...] les imaginations de l'âme, prises en elles-mêmes, ne contiennent aucune erreur ; autrement dit, si l'âme se trompe, ce n'est pas du fait qu'elle imagine, mais seulement en tant qu'elle est considérée comme privée d'une idée qui exclue l'existence de ces choses qu'elle imagine comme lui étant présentes. (*E* II, 17, sc.)

La connaissance imaginative est *confuse*, au sens où elle est produite à travers le corps, lui-même modifié par l'action des choses extérieures ; elle est également *mutilée*, au sens où elle est perception fragmentaire des choses, non rapportées à l'ordre nécessaire qui les rend intelligibles, à savoir aux autres idées qui en font comprendre la nature véritable (la connaissance que la chimie m'enseigne sur la nature de la friandise, celle de la physique sur la vraie distance du soleil et sur les raisons pour lesquelles je le vois si proche). Mais nos imaginations ne sont pas totalement fausses pour autant, car elles s'enracinent toujours dans un élément de réalité, objet d'une perception partielle. L'erreur, elle, ne provient que de ce que, tout en ayant une certaine idée, l'âme ignore à quoi est relié, par nécessité, l'objet de cette idée. Si les imaginations peuvent être trompeuses, ce n'est donc pas « en elles-mêmes », mais en raison du *défaut de savoir qui les accompagne*. Le fait est que nous voyons le soleil à deux cents pieds, et qu'au plaisir réellement éprouvé d'une friandise, je m'en fais l'idée d'un objet agréable. Il n'y a là aucune erreur. La fausseté des idées ne relève donc pas d'une propriété qui leur serait intrinsèque. Si « avoir une idée vraie ne signifie rien d'autre que connaître la chose parfaitement et le mieux possible » (*E* II, 43, sc.), la fausseté n'est qu'une « privation de connaissance qu'impliquent les idées inadéquates » (*E* II, 35).

Si l'erreur, pour Descartes, résulte du mauvais usage de la volonté lorsqu'elle s'applique aux idées de l'entendement (*Méditations Métaphysiques* IV), la structure de l'idée vraie, affirmation interne de ce qu'elle conçoit, implique chez Spinoza l'identification de la volonté et de l'entendement – de même que l'idée du triangle ne se distingue pas de l'affirmation de l'égalité de ses angles à deux droits. « La volonté » n'est en elle-même qu'une idée générale, abstraite, « par laquelle nous expliquons les volitions singulières, c'est-à-dire ce qui est commun à toutes » (*E* II, 49, sc.). Seules existent les volitions qui relèvent de la chaîne infinie des causes et des effets.

Les genres de connaissance

Le second scolie de la proposition 40 fait apparaître la théorie des trois genres de connaissance, à titre de récapitulation mais aussi d'anticipation. A. Matheron observe que « le *TIE* [*Tractatus de Intellectus Emendatione*] s'assigne simplement pour tâche initiale de les décrire; l'*Éthique*, elle, les *définira génétiquement* en les déduisant de leurs causes » (*Études sur Spinoza et les philosophies de l'âge classique*, p. 468). Ces genres de connaissance ne se distinguent pas par leur objet : ce qui compte, dans l'activité de connaître, ce n'est pas de saisir tel contenu, mais la manière de le saisir. Aussi le critère permettant de distinguer entre une idée de l'imagination et une idée de la raison ne réside-t-il pas dans un rapport de conformité ou de non-conformité à l'égard de l'objet, mais est immanent à l'idée elle-même qui s'affirme.

Si l'imagination s'ignore elle-même comme telle, nous possédons, en germe, le pouvoir de réfléchir sur les idées et de les rendre adéquates en découvrant leur liaison nécessaire dans la pensée. Que « l'homme pense » (*E* II, ax. 2) signifie en effet que l'âme est aussi un pouvoir d'idées adéquates, du fait qu'elle est une partie de l'entendement divin. C'est là considérer le mode que je suis non pas seulement dans sa relation extrinsèque avec d'autres modes, mais dans sa relation intrinsèque avec Dieu. Cette connaissance est d'abord celle du deuxième genre, par laquelle la raison dégage « certaines notions communes à tous les hommes » (*E* II, 38, cor.). Il ne s'agit pas ici de caractères communs aux choses singulières, obtenus par un processus d'abstraction des différences perçues, mais d'une propriété commune soit à certains corps qui affectent le nôtre (le corps des hommes), soit à tous les corps existants. Ce qui est universellement commun à tous les corps (l'étendue et tout ce qui en dérive : le mouvement, le repos et la figure), Dieu en a l'idée en tant qu'il constitue l'essence de n'importe quel esprit, c'est-à-dire de n'importe quelle idée de n'importe quel corps. Les choses sont alors perçues sous l'aspect de la nécessité de la substance. De ces notions communes se déduisent d'autres idées, elles aussi nécessairement adéquates. Je puis ainsi développer, par déduction (celle-là même que met en œuvre l'ordre géométrique de l'*Éthique*) toute une chaîne d'idées adéquates, qui constitue ce genre de connaissance qu'est la raison. Ainsi, toutes les fois que l'âme est déterminée de l'intérieur à comprendre les convenances, les différences et les oppositions entre plusieurs choses qu'elle envisage simultanément, « alors elle considère les choses clairement et distinctement » (*E* II, 29, sc. ; voir aussi *TRE*, § 25). La raison, ici, se connaît elle-même comme puissance du vrai.

Sans véritable rupture avec ce deuxième genre de connaissance, celle du troisième genre, dite « science intuitive », prend son principe dans l'idée de Dieu. De part en part rationnelle et démonstrative, elle ne relève d'aucune espèce d'intuition mystérieuse ou d'ivresse mystique. Tandis que le deuxième genre est moyen de connaître des lois universelles, le troisième genre produit une connaissance des essences des choses singulières à partir des attributs divins (autrement dit de l'essence de Dieu) : elle procède, écrit Spinoza, « de l'idée adéquate de l'essence formelle de certains attributs de Dieu à la connaissance adéquate de l'essence des choses » (*E* II, 40, sc. 2). Si connaître, c'est connaître par les causes, c'est en nous fondant sur l'idée adéquate des attributs de Dieu qu'il devient possible de comprendre l'essence particulière de tel ou tel corps ou de tel ou tel esprit. Ici, l'essence d'un corps s'explique par l'Étendue et s'y rattache, de sorte qu'il n'est plus représenté mais se voit saisi par l'entendement, conscient de son savoir.

La vie affective : de l'individu désirant à l'individu passionné

Comment traiter des affects ?

Ce que l'*Éthique* nomme *affectus*, c'est ce que l'on appelle en général des sentiments, des émotions ou, davantage à l'époque de Spinoza, des passions. Mais le vocabulaire n'est pas indifférent : si « passion » renvoie à l'idée de pâtir sous l'effet d'une cause extérieure, ce que

Spinoza entend justement montrer, c'est en quel sens et de quelle manière les affects peuvent être aussi des actions.

La préface de l'*Éthique* III, largement polémique, s'en prend d'abord à ceux qui tiennent l'homme pour responsable de ses passions, elles-mêmes considérées comme de graves perturbations, comme des vices ou des maladies de la nature humaine. Or, Spinoza invite à rompre avec toute attitude affectée à l'égard des passions, pour *comprendre* ces causes de l'impuissance et de l'inconstance des hommes. Mais que signifie comprendre les affects ?

Les saisir de façon rationnelle consiste d'abord à les traiter pour ce qu'ils sont : des phénomènes obéissant aux règles universelles de la nature. C'est là, autrement dit, déplacer le problème du champ moral à celui de la science, qui se saisit de ses objets sans sentiment ni jugement de valeur. On ne loue ni ne blâme un triangle d'avoir telle ou telle propriété. En vertu du déterminisme, la haine, la colère ou la crainte, qui peuvent apparaître ou se vivre comme irrationnelles, relèvent pleinement de l'ordre naturel des choses. Elles sont en cela les objets possibles d'une connaissance attachée à en élucider la genèse et à en produire une idée claire et distincte : comme toute chose singulière, les affects, écrit Spinoza, « reconnaissent des causes précises, par lesquelles on les comprend, et ils ont des propriétés précises [...]. Je vais par conséquent traiter [...] les actions des hommes et leurs appétits comme s'il était question de lignes, de surfaces ou de corps » (*E* III, préf.).

Affects ; affects-passions ; affects-actions

Notre statut de mode, comme l'a établi la deuxième partie de l'*Éthique*, fait que nous subissons continuellement les effets d'autres puissances (d'autres esprits, d'autres corps), par lesquels notre effort pour nous conserver varie sans cesse. Ce sont ces variations de puissance que Spinoza nomme « affects » – « *affectus* » ne devant pas être confondu avec ce qui permet de le définir, l'« *affectio* », c'est-à-dire la modification d'un mode :

> Par affect j'entends les affections du corps par lesquelles la puissance d'agir de ce corps est augmentée ou diminuée, aidée ou empêchée – et en même temps les idées de ces affections.
> C'est pourquoi si nous pouvons être cause adéquate de l'une de ces affections, alors j'entends par affect une action ; s'il en est autrement, une passion. (*E* III, déf. 3)

Parce qu'elle s'appuie sur l'égalité de l'Étendue et de la Pensée, cette définition, d'une part, s'énonce sous le double aspect corporel et mental : l'affect est cette modification (ou affection) du corps, par une cause interne (par exemple un souvenir) ou externe (un son qui vient à mes oreilles), en même temps que l'idée, dans l'âme, de cette affection. Voilà qui produit des effets sur notre puissance d'agir – comme lorsque la consommation d'un aliment agréable, qui apaise la faim, donne le sentiment d'être plus « fort » et procure une certaine joie. D'autre part, l'affect est ici conçu sous la double perspective de l'action et de la passion (Spinoza n'utilise pas les expressions « affects actifs » ou « affects passifs » : c'est toujours l'homme qui est dit actif ou passif). Ce qui est donc en jeu, ce n'est pas l'affect en lui-même ni son objet, mais son *mode de production ou de causalité*. Produire un effet en en étant, pour le corps comme pour l'âme, la cause seulement partielle ou inadéquate, signifie *être passif*, c'est-à-dire seulement participer à la production de l'effet qui en découle (*E* II, 16 et cor. 2). Or, en tant qu'ils subissent nécessairement les effets des autres modes, tous les hommes sont par exemple affectés par les honneurs. Les actions et les passions de l'âme étant les effets de l'adéquation et de l'inadéquation des idées, est dit en revanche *actif* un corps ou une âme qui est cause entière ou adéquate de l'effet qui suit de sa nature. Notre corps est actif quand, par exemple, il est maître de son mouvement ou qu'il exprime son habileté ; il est au contraire passif lorsqu'il est entraîné par autre chose ou qu'il manque de nourriture, car ce sont, dans ces cas-là, des forces qui s'exercent sur lui (la tempête qui l'emporte, l'aliment qui lui manque). De même, l'esprit est actif lorsqu'il comprend, qu'il résout par exemple un problème, c'est-à-dire lorsqu'il exerce ses propres forces ; mais il est passif lorsqu'il est cause inadéquate, qu'il soit troublé par une émotion, qu'il se réjouisse de la chaleur ou qu'il applique une règle de calcul acquise par la seule habitude.

Alors que pour Descartes, agir signifie commencer une action, et pâtir, en être l'effet (voir par exemple la Lettre à Regius de décembre 1641), la passivité n'exclut pas, chez Spinoza, une forme d'efficience. Car pâtir n'est pas tant subir en nous l'effet qui procède d'une cause extérieure, que *produire nous-même, quoique de manière imparfaite,* un certain effet, dans lequel la force de la cause extérieure demeure déterminante :

> Je dis que nous agissons lorsque quelque chose se produit en nous ou hors de nous dont nous sommes la cause adéquate [...]. Au contraire, je dis que nous pâtissons lorsque se produit en nous, ou lorsque suit de notre nature, quelque chose, dont nous ne sommes que la cause partielle. (*E* III, déf. 2)

Appréhender les choses essentiellement par les effets qu'elles ont sur soi (ce que fait l'imagination) conduit à désirer la renommée ou à acquérir tel objet, non parce que j'aurais examiné la cause de ce désir et son utilité véritable pour moi-même, mais parce que j'aurais vu les autres les convoiter ou les posséder, ou encore parce que des images (par exemple publicitaires) auront forgé en moi telle représentation. De même, il peut m'arriver de haïr une personne parce qu'elle ressemble à quelqu'un d'autre qui m'a auparavant lésé. Par conséquent, il y a des désirs qui, issus d'images, de souvenirs ou d'imitations des autres, ne procèdent pas de notre nature, ne sont pas véritablement *nôtres*. Si l'éthique de Spinoza est une éthique de la connaissance, alors elle doit s'employer, comme elle l'a fait pour Dieu et pour l'âme humaine, à expliquer les sentiments, et d'abord cette loi selon laquelle l'idée de l'affection indique bien davantage la disposition prise par le corps propre sous la détermination de l'affection, que la nature réelle du corps extérieur. C'est encore exhiber, comme le souligne le titre de la troisième partie de l'*Éthique*, l'origine et la nature des affects. Cette explication s'effectue à partir de la notion de *conatus*.

Le conatus

Cette notion désigne pour chaque chose, autant qu'il est en elle, l'effort de persévérer dans son être (*E* III, 6 et 7). Le terme *conatus* a connu une postérité dans les sciences physiques de la Renaissance, puis auprès des grands théoriciens de la mécanique classique (dont Galilée, Hobbes et Huygens). Spinoza n'en redéfinit pas fondamentalement le sens reçu, mais il l'étend à « chaque chose » (donc aussi au caillou) et le relie de manière indéfectible à l'essence et à l'existence humaines.

En premier lieu, le *conatus*, dans l'usage spinozien du terme, ne revêt ni le sens vitaliste d'un principe d'animation des êtres vivants, ni le sens courant d'effort physique (soulever un poids) ou psychologique (mobiliser la volonté), mais plutôt celui d'une entreprise, en tant qu'elle requiert une activité. En deuxième lieu, cet effort n'est pas à concevoir comme un pouvoir (*potestas*) de se diriger vers une fin : non pas de l'ordre d'un projet, il est une suite nécessaire de la nature individuelle, de même que la vision suit de l'essence de l'œil, qui n'a nul dessein de voir. L'effort pour persévérer dans l'existence n'en reste pas moins nécessairement orienté vers l'obtention de quelque bien, si, de l'essence de l'individu, s'ensuivent les actes nécessaires à sa conservation. En troisième lieu, le *conatus* n'est pas l'effort pour actualiser une essence donnée ou même quelque potentialité, de même que la vision, à nouveau, ne « réalise » pas l'essence de l'œil, comme si l'œil était « fait pour » voir. Enfin, en sa formulation même (*E* III, 6 et 7), la détermination toute positive du *conatus* interdit de le réduire à un effort consistant seulement à ne pas être détruit. Ce souci de soi est bien affirmation de soi dans la persévérance, et non simple fait de survivre, d'autant que ce qui vient ou peut venir l'aider ou le contrarier, l'amène à se saisir lui-même toujours *qualitativement*, comme accroissement ou réduction de la puissance d'être et d'agir, autrement dit comme joie ou comme tristesse. Car le *conatus* est effort pour imaginer et s'attacher à ce qui est cause de joie (« pour se porter à un état meilleur » dit le *CT* I, chap. V, 1), de telle sorte que « le désir de vivre bien ou heureux, d'agir, etc. est [...] l'effort par lequel chacun s'efforce de conserver son être » (*E* IV, 21, dém.).

Le *conatus* ne se comprend véritablement qu'à l'aune de son enracinement ontologique, c'est-à-dire de l'idée de l'infinie puissance de Dieu, dont chaque chose singulière exprime *intrinsèquement*, de façon précise et déterminée, un certain degré d'intensité. On comprend alors, d'une part, en quel sens Dieu est cause, pour les modes finis, de leur persévérance dans l'existence (*E* I, 24, cor. ; *TP* II, 2) ; d'autre part, que le *conatus* ne soit « rien d'autre » (*E* III, 7) que l'essence actuelle de la chose, c'est-à-dire ce qui fait qu'elle existe et agit de telle manière, intéressée qu'elle est de maintenir la convenance des parties qui la composent, en dépit des causes extérieures susceptibles d'occasionner sa disparition. Il en va ainsi de l'arbre, dont l'être est de croître, de produire des bourgeons, des feuilles, des fleurs et des fruits, et qui le fait autant qu'il est en lui, tant qu'une cause extérieure (une tempête, un bûcheron) ne vient l'en empêcher. Il en va de même pour le cupide à l'égard de l'argent – qui lui apportera, s'imagine-t-il, davantage de sécurité ou de respect.

Le désir-puissance contre le désir-manque

Parce qu'il perçoit les idées des affections de son corps, l'homme, selon le scolie de la proposition 9 de l'*E* III, a conscience de son effort pour persévérer dans l'être (*E* III, 9). Or, nous dit le scolie de cette proposition, la *volonté* est l'effort rapporté à l'âme seule ; l'*appétit* est l'effort rapporté à la fois à l'âme et au corps ; le désir, enfin, est « l'appétit avec conscience de lui-même ». Les trois vocables renvoyant à une seule et même réalité, il est permis de penser que les distinctions ici effectuées sont seulement nominales : la *voluntas* – que le scolie d'*Éthique* II, 48 avait rejetée à tire d'abstraction – n'est qu'un nom du *conatus* si l'on considère un *conatus* de l'esprit, tandis que l'appétit se voit souvent, par ailleurs, identifié au désir (*E* III, 37, dém. ; déf. 1 des affects).

De ce dernier, qui n'est donc autre que notre puissance d'agir, c'est-à-dire un mouvement qui pousse d'une façon déterminée à produire des effets hors de lui-même, Spinoza fait notre essence. Il ne s'agit pas toutefois d'une essence *spécifique*, car le *conatus* est l'essence de toutes choses, arbre, insecte ou cheval (*E* III, 57, sc.). Nous sommes désir non parce que nous ferions exception dans la nature, mais au contraire parce que nous sommes des parties expressives de son dynamisme infini, et parce que persévérer dans notre être n'est rien d'autre qu'agir ou nous efforcer d'agir, c'est-à-dire être déterminé à « faire » ce qui est utile à notre propre conservation (*E* III, déf. 1 des affects, explic.). Il faut le mettre en évidence : Spinoza rompt ici avec la tradition qui, depuis Platon, enracine le désir sur le manque, alors qu'il ne supplée rien. Ni pouvoir, ni potentialité mais puissance, il est cette force immanente par laquelle nous nous maintenons dans l'être et produisons des effets : c'est bien à persévérer dans mon existence à quoi, par essence, je m'efforce, non à trouver quelque bien qui me manquerait, tout comme l'avare ne désire pas l'argent parce qu'il en manque. Il est même d'abord avare avant de juger que l'argent est la valeur suprême.

C'est en ce sens que Spinoza redéfinit le rapport du désir au bien. Toute une tradition qui va de Platon à Schopenhauer, comprend le désir comme l'autre de la raison et comme une menace de défaillance de l'emprise de l'âme sur le corps. Aussi cette tradition s'emploie-t-elle à faire valoir, contre la démesure de nos désirs, leur soumission à une volonté raisonnable, tout en définissant leur valeur par leurs objets, bons ou mauvais en soi, qui préexistent donc au désir et le meuvent (voir Aristote, *Métaphysique* Λ, 7, 1072a 27-29; Descartes, Lettre à

Élisabeth du 1er septembre 1645 et *Réponses aux sixièmes objections*, point 6). Pour Spinoza – et c'est encore ici une remise en cause du préjugé finaliste –, c'est au contraire le désir lui-même qui est source de la valeur des objets : « Nous [...] ne désirons rien parce que nous jugeons que c'est bon ; mais au contraire, nous jugeons qu'une chose est bonne parce que nous [...] la désirons » (*E* III, 9, sc.). En vertu de la relativité du bien et du mal, sur laquelle Spinoza a toujours insisté, une chose se voit qualifiée de bonne ou de mauvaise selon, seulement, qu'elle favorise ou entrave la recherche de ce qui nous est utile : l'abondance d'argent est ce qu'il y a de meilleur pour l'avare, le désir de gloire pour celui qui d'abord est ambitieux (*E* III, 39, sc.). En d'autres termes, le désir, ontologiquement premier par rapport à toute fixation objectale, fonde le désirable.

Il faut toutefois éviter de se méprendre : si condamner le désir n'a aucun sens puisqu'il est notre essence, en faire l'éloge n'a pas plus de sens. Spinoza décrit et analyse la nature, dont notre désir, qui relève de la chaîne des causes et des effets, est une expression. Toute la question est alors celle de sa connaissance et de son orientation. Que le désir soit conscient de soi signifie qu'il se saisit seulement comme effet, c'est-à-dire comme idée de l'affection du corps – ce qui fait qu'il s'imagine orienté par l'objet qu'il désire.

La déduction des affects. Activité imaginaire et causalité inadéquate

Les désirs de chacun s'inscrivent nécessairement dans un réseau indéfini de rapports avec d'autres puissances qui, selon qu'elles composent ou non avec lui, les soumettent à de multiples fluctuations. Soit les causes extérieures favorisent notre effort et accroissent alors notre puissance d'agir, soit elles l'entravent et ainsi défavorisent ou contrarient cette même puissance. Le premier cas correspond à la *joie*, le second à la *tristesse*. Par « joie », il faut entendre « la passion par laquelle l'âme passe à une plus grande perfection, et par tristesse la passion par laquelle elle passe à une perfection moindre » (*E* III, 11, sc.). La tristesse procède donc moins d'une perte ou d'une privation de puissance que de l'affirmation d'une autre puissance venant s'opposer à mon *conatus*. Joie et tristesse, notons-le, sont moins des états que des *passages* à une plus ou moins grande puissance d'exister, ce qui marque une dimension dynamique et potentiellement instable de notre être. Si je désire savoir danser ou bien résoudre un problème de géométrie, alors acquérir une plus grande maîtrise de mes mouvements ou d'un processus démonstratif accroîtra ma propre puissance, me renforcera en mon être et m'affectera de joie. À l'inverse, des échecs personnels, un deuil ou le spectacle de la misère peuvent m'abattre et, contrariant ainsi ma propre puissance, me rendre triste. Alors que toute tristesse (haine, crainte ou pitié) est nécessairement une passion, puisqu'elle est contraire à notre essence, la joie correspond le mieux à l'essence du désir en ce qu'elle accompagne ou renforce ce mouvement de persévérance dans l'être qui définit le *conatus*. C'est pourquoi « l'âme, autant qu'elle peut, s'efforce d'imaginer ce qui augmente ou aide la puissance d'agir du corps » (*E* III, 12), comme elle s'efforce d'écarter ce qui conduit à la tristesse (*E* III, 28). Il faut ici préciser que si tout affect suppose une variation de ma puissance d'agir, toute affection de l'âme ou du corps n'est pas nécessairement un affect (l'image d'une chaise est ainsi une affection de l'âme, sans effet particulier sur ma puissance d'agir).

Désir, joie, tristesse : la vie affective est tout entière organisée autour de ces trois affects « primaires » (*E* III, 11, sc.). C'est à partir d'eux que le penseur hollandais, en véritable géomètre, reconstruit génétiquement, selon les mécanismes de leur engendrement (à savoir l'association, la ressemblance et l'imitation), toute la diversité et la variabilité de nos autres affects. Ces derniers en sont ainsi autant de formes particulières, dans la mesure où le corps peut être affecté par des objets très divers et d'un très grand nombre de façons (*E* III, 56). Cette combinatoire affective s'organise suivant des critères tels que la certitude ou l'incertitude de l'objet, sa présence ou son absence, le fait qu'il soit craint ou espéré. De la joie naissent par exemple *l'amour* et *l'espoir* : aimer une personne, c'est ressentir une joie à l'idée de cette cause extérieure ; espérer la revoir, c'est éprouver la joie de pouvoir la contempler de nouveau, non sans que s'y mêlent crainte et incertitude. De la tristesse se déduisent par exemple *la crainte*, « née de l'idée d'une chose future ou passée dont l'avènement reste […] objet de doute » (*E* III, déf. 13 des affects), et *l'indignation*, qui est la haine envers quelqu'un qui a nui à un autre (*E* III, déf. 20 des affects). Les propositions 21 à 47 introduisent un élément incontestablement nouveau : elles traitent des affects qui, hors de toute relation objectale, se nouent à travers les relations interindividuelles, en tant qu'elles donnent lieu à des processus mimétiques par lesquels l'objet du désir est en quelque sorte le désir lui-même, par la médiation du désir (imaginé) de l'autre. Par des processus de projections et de transferts, le simple fait qu'« une chose semblable à nous » (prop. 27) éprouve tel sentiment (ou plutôt que nous nous imaginions qu'elle l'éprouve) suffit à l'engendrer en nous ou, s'il existait déjà, à le renforcer. Ce type d'affect (telles la gloire, la honte, la jalousie et la pitié), qui tient de la représentation que j'ai d'un être que je juge semblable à moi, relève initialement de la connaissance imaginative. Ainsi, par imitation affective, la tristesse d'autrui devient mienne lorsque, le voyant souffrir, j'éprouve de la pitié ; mais si je le hais, alors sa tristesse me réjouit (*E* III, 27 à 32).

Tissant de la sorte la toile des affects, la troisième partie de l'*Éthique* déduit et analyse leur nature et leur origine à l'aune des mécanismes de l'imagination. Car, en même temps que la puissance d'agir du corps varie, ce qui se présente à l'âme est jugé imaginairement – comme étant la cause de ses propres variations affectives.

Si traiter des passions représente au XVIIe siècle un *topos* parmi les philosophes, les théologiens et les tragédiens, c'est néanmoins par trois grands aspects que se mesure l'originalité de Spinoza : l'explication de l'affect par sa force et non par son objet ; l'idée d'imitation des affects, fondée sur la similitude ; le fait, enfin, que les mécanismes affectifs nous soient opaques, alors même que nous avons toujours conscience de nos affections et des variations qu'ils produisent sur notre puissance d'agir.

Quel est le problème ?

Si les affects sont choses on ne peut plus nécessaires et naturelles, pourquoi le but est-il d'établir comment les gouverner ou les diriger ? Qu'est-ce qui, au fond, fait problème, chez l'homme, pour ce qui est d'accéder, comme le dit l'avant-propos de la partie II, à « la suprême béatitude » ? Nous voyons bien que les données premières de la nature humaine paraissent d'emblée au plus loin des exigences du bien suprême. En effet, autant l'*Éthique* est tout entière orientée vers la recherche de la béatitude comme forme de jouissance de sa propre perfection ou puissance, autant l'ouvrage reconnaît une place centrale, sinon à la souffrance et à la tristesse, du moins à la faiblesse et à l'impuissance. Nécessairement et constamment soumis à l'influence de multiples causes extérieures, à d'autres corps comme à d'autres esprits, il est impossible à l'homme de ne pas « subir d'autres changements que ceux qui se peuvent comprendre par sa seule nature et dont il est cause adéquate » (*E* IV, 4). C'est bien en cela qu'il y a problème – lequel n'a donc rien d'une anomalie.

À être déterminés à penser, à désirer et à agir davantage par l'effet de causes extérieures, c'est-à-dire à ne dépendre que partiellement de nous-mêmes, nous ignorons et manquons d'emblée ce qui nous est *réellement* bon ou utile, et nous orientons, de façon imaginaire et donc parfois illusoire, vers ce qui nous paraît pouvoir favoriser notre existence et produire en nous de la joie. Le plus souvent, nous subissons l'amour ou la haine, la colère ou l'ambition, sans bien comprendre ce qui nous arrive ni pouvoir contrôler grand-chose, au point, parfois, de regretter certains actes. Bref, savoir que je désire ou que j'éprouve de la crainte n'est pas comprendre adéquatement pourquoi je désire ou crains, quelles causes ou raisons m'y poussent. Telle est notre condition initiale ; telle est également ce dont découle notre *servitude*, cette « impuissance [*impotentia*] humaine à gouverner et à réprimer les affects » (*E* IV, préf.), qui s'exprime en termes de fluctuation, d'inconstance et d'inconscience « de notre avenir et de notre destin » (*E* III, 59, sc.). À l'image de ceux qui, ordinairement, du fait de leurs désirs sans mesure, « flottent misérablement entre l'espoir et la crainte » (*TTP*, préf., 1), l'âme, soumise aux effets des innombrables causes extérieures, se trouve tiraillée « en des sens divers et ne sait de quel côté se tourner » (*E* III, déf. 1 des affects, explic.). Le problème est donc bien loin d'être seulement théorique : si toute la tâche de l'*Éthique* consiste à nous affranchir de la servitude, c'est parce qu'elle est, comme vie passionnelle, souffrance, tristesse « et autres passions mauvaises qui sont elles-mêmes [...] le véritable enfer » (*CT* II, chap. XVIII, 6 ; voir aussi *TRE*, § 7 et 8).

Comment alors instaurer la liberté et le bonheur, si l'homme est ainsi nécessairement une partie de la nature ? Il n'est pas envisageable que la liberté et le salut se conquièrent contre l'affectivité, en s'en délivrant ou en la supprimant à l'occasion d'une faveur particulière ou par l'ardeur d'une volonté propre. Le désir n'a pas à être en notre pouvoir, parce qu'il est notre pouvoir. Mais tandis qu'il peut bien souvent errer et se leurrer sur son objet, le problème consiste à *l'émanciper autant que possible des forces extérieures*, et à faire qu'il devienne cause adéquate de lui-même par la compréhension rationnelle de ses propres déterminations. Ce sera là en obtenir la meilleure réalisation par la poursuite de ce qui contribue véritablement à l'épanouissement de sa puissance, synonyme de joie. Comment, dès lors, réussir ce couple du bien et du vrai ? Non par le fait d'acquérir une totale maîtrise des passions, comme l'ont cru les Stoïciens puis Descartes, mais par le *passage de la passivité à l'activité*.

LA VIE SELON LA RAISON : DE LA SERVITUDE À LA LIBERTÉ

La liberté contre le libre arbitre

> Sera dite libre la chose qui existe par la seule nécessité de sa propre nature, et qui est déterminée par soi seule à agir. Sera dite au contraire nécessaire, ou plutôt contrainte,

> celle qui est déterminée par une autre à exister et à opérer de manière bien précise et déterminée. (*E* I, déf. 7)

Cette définition de la liberté s'applique à Dieu, qui seul, avons-nous vu, est cause libre (*E* I, 17, cor. 2), au sens où son action relève d'une nécessité interne, c'est-à-dire des lois de la nature qu'il produit sans être contraint par quoi que ce soit. Cette définition, dès lors, ne semble pas pouvoir concerner l'homme, déterminé qu'il est, en tant que mode, à exister et à agir tant par la substance que par l'action des autres modes finis. Cependant, la dernière partie de l'*Éthique* est bien consacrée à la liberté « humaine », et aucune autre définition de la liberté ne sera donnée spécifiquement pour l'homme. À quelles conditions, par conséquent, « la chose [*res*] » mentionnée dans la définition de la liberté pourrait-elle désigner l'homme ? Car l'on s'interdirait toute intelligence de l'éthique spinoziste si l'on s'imaginait que l'ordre commun de la nature exclue la liberté et range la conduite humaine sous les lois d'un mécanisme aveugle. Ce n'est pas avec la liberté elle-même, mais bien avec la doctrine cartésienne du libre arbitre, que Spinoza entend rompre.

Relevons les ressorts essentiels de cette rupture. En premier lieu, le *sentiment* d'un pouvoir de choisir sans qu'aucune force extérieure nous y contraigne (*Méditation* IV ; *Principes de la philosophie* I, art. 39) n'est, pour Spinoza, qu'une croyance, comme l'exprime par exemple le fameux passage de l'appendice de l'*Éthique* I : « [...] les hommes s'imaginent qu'ils sont libres, [...] parce qu'ils sont conscients de leurs volitions et de leur appétit, sans penser même en songe aux causes qui les disposent à avoir appétit et volition, ignorants qu'ils sont de ces causes ». Ce que nous croyons être nos décrets et nos décisions sont seulement, en vérité, l'écho de nos appétits et de nos représentations, totalement déterminés – à l'exemple de l'ivrogne qui, dans l'ivresse, s'imagine parler de sa propre volonté. À un sentiment illusoire et à l'ignorance des causes de nos conduites se joint donc encore l'imagination, par laquelle, nous l'avons vu, l'âme ne perçoit immédiatement que l'affection provoquée en elle par le corps extérieur, de telle sorte que se sentir libre, ce n'est jamais que s'imaginer être libre. En deuxième lieu, la conception cartésienne de la liberté s'appuie sur une âme qui est essentiellement volonté et qui, constituant une substance distincte du corps, est capable de le dominer. Or, pour Spinoza, cette idée du corps qu'est l'âme saisit seulement un état passager du corps, qui lui-même subit les effets des autres corps. Enfin, alors que la liberté cartésienne s'appuie sur la distinction de la volonté et de l'entendement, Spinoza ne reconnaît dans l'âme « aucune faculté absolue de vouloir et de ne pas vouloir, mais seulement des volitions singulières » (*E* II, 49, dém.), raison pour laquelle « il n'est pas nécessaire de se demander si la volonté est libre ou non » (*CT* II, chap. XVI, 4).

Comment, dès lors, instaurer la liberté au sens où Spinoza a défini ce concept ?

La vertu-puissance

Les affects se développent en nous comme des forces étrangères que nous subissons, à l'égard desquelles la raison est d'abord bien faible. C'est pourquoi, comme Ovide, dans ses *Métamorphoses*, le faisait dire à Médée : je vois le meilleur et je l'approuve, mais je fais le pire. Il n'y a qu'une solution pour espérer s'émanciper de cette condition d'impuissance passionnelle : s'appuyer sur ce qui se trouve toujours au fond même de l'impuissance, c'est-à-dire la puissance.

Mais pas de n'importe quelle façon. Le scolie de la proposition 18 de l'*Éthique* IV marque à l'évidence un tournant, lorsqu'au sein même de la situation où nous placent nos affects, il introduit la notion de *vertu*, articulée à celle de *raison*. Car après avoir expliqué les causes de notre impuissance, il s'agit de « montrer ce que la raison nous prescrit, quels affects s'accordent avec les règles de la raison humaine, et quels affects en revanche leur sont contraires ». Or, d'emblée, ce que la raison demande, à titre de puissance et non d'instance législatrice, c'est que « chacun s'aime lui-même, recherche son utile propre, ce qui lui est réellement utile [...] ». Seule la raison peut en effet nous montrer quel est le bien véritable ; et ce qu'elle montre, ce n'est rien d'autre que le désir qu'a chacun de se conserver au mieux, le fait que vivre rationnellement se ramène à vivre selon son propre *conatus*, autrement dit à obéir à la nécessité de sa propre essence. Ce qui définit l'individu, son effort pour persévérer dans l'être, c'est en cela précisément que consiste sa vertu – au sens premier du terme latin, qui renvoie à la puissance, à l'efficacité à produire une série d'effets :

> Par vertu et puissance, j'entends la même chose ; c'est-à-dire (en vertu de la prop. 7, p. III) que la vertu, en tant qu'elle est rapportée à l'homme, est l'essence même ou la nature de l'homme, en tant qu'il a le pouvoir de faire certaines choses qui peuvent se comprendre par les seules lois de sa nature. (*E* IV, déf. 8)

Dire que la vertu est puissance, c'est dire qu'elle réalise l'excellence de la conservation de soi. Cela signifie que dans la recherche de ce qui nous est utile, nous agissons uniquement selon « les seules lois » de notre propre nature – c'est-à-dire accomplissons des actions qui sont explicables par ces lois. Ainsi comprise, la vertu ne consiste nullement à faire preuve d'une hypothétique « bonne volonté » ou à accomplir un devoir moral ordonné à quelque norme extérieure : elle est affirmation de la joie d'accroître son pouvoir d'exister, et n'a pour seul fondement que l'effort pour se conserver, effort « de bien agir, comme on dit, et d'être joyeux » (*E* IV, 50, sc.).

Ce ne sont donc pas les actions en elles-mêmes qui sont ou non vertueuses, mais c'est leur rapport d'adéquation à l'individu qui est, ou non, tout ce qu'il peut être en étant cause adéquate de ses actions, c'est-à-dire qui agit ou n'agit pas, selon la puissance qui le constitue. Aussi les propositions 19 à 22 de l'*Éthique* IV commencent-elles à envisager l'homme du point de vue de la liberté, sous la forme, si l'on peut dire, d'un retour à l'intériorité de son essence. Nous commençons à saisir en quel sens la définition de la liberté peut s'appliquer à l'homme. Passer de la passivité à l'activité, c'est en venir à l'essence de l'homme en cessant de se perdre dans l'extériorité ; c'est, en d'autres termes, passer d'un régime d'inadéquation imposé par la causalité extérieure, à un régime d'adéquation, résultat de la seule essence de l'homme.

La raison ou l'effort pour comprendre

L'intervention de la raison (*E* IV, 59 à 66), articulée à la vertu, se comprend du fait que la raison n'est pas une faculté distincte, mais l'expression de notre *conatus*, l'âme elle-même en sa puissance propre de connaître d'une manière claire et distincte (*E* IV, 26, dém.). En ce sens, la raison ne peut rien demander qui soit opposé à la nature (*E* IV,

18, sc.), puisqu'elle y est elle-même comprise à titre de propriété de la nature humaine. De ce point de vue, notre bien, c'est-à-dire, selon la définition qu'en donne le début de l'*Éthique* IV, « ce que nous savons avec certitude nous être utile », ne peut être que l'utile que nous recherchons sous la conduite de la raison. Celle-ci se présente donc d'abord comme le moyen de l'action libre, au sens où seule elle permet de comprendre (*intelligere*) ce qui est bon pour soi. Mais ce que la raison comprend, ce faisant, c'est que le seul bien véritable pour soi est *l'acte même de comprendre*, c'est-à-dire la raison elle-même, car connaître les choses adéquatement est en effet la seule manière, pour le désir, de s'affirmer selon sa propre nécessité, et donc de passer à un régime d'activité. Ainsi, « Tout ce que nous nous efforçons de faire par raison n'est rien d'autre que comprendre; et l'âme, en tant qu'elle use de la raison, juge que rien d'autre ne lui est utile que ce qui conduit à comprendre » (*E* IV, 26).

Mais qu'est-ce que comprendre? Relativement aux réactions de dérision ou de déploration, c'est d'abord, nous l'avons vu, une certaine façon d'appréhender la vie affective et les hommes eux-mêmes, ceux-ci comme des parties de la nature, celle-là comme un phénomène naturel. C'est donc laisser la morale pour entreprendre une science, autrement dit passer du point de vue du jugement selon le bien et le mal, à celui du vrai. Mais s'attacher ainsi à exhiber un certain enchaînement causal, c'est surtout exercer son propre pouvoir de connaître et se rendre ainsi soi-même actif (*E* IV, 23 à 28). Certes, comprendre est bien souvent déterminé par des circonstances, par les paroles ou les écrits des autres. Il n'en reste pas moins que ce que je comprends (les idées que je forme), s'explique par la seule puissance de mon esprit, qui déduit correctement les événements par la connaissance des causes déterminantes. Spinoza ne dit pas que je suis cause libre de mes idées, mais que je puis en être la cause adéquate, la cause qu'il suffit de retenir pour les expliquer. Or, souvenons-nous-en, il n'est pas d'affection, ni par conséquent d'affect, « dont nous ne puissions former quelque concept clair et distinct » (*E* V, 4 et cor.).

La puissance propre et la plus haute vertu de l'âme, c'est donc de comprendre. Comment néanmoins, ainsi définie, la vertu peut-elle nous guérir ? Comment expliquer l'effet libérateur de la connaissance rationnelle – autrement dit cette indissociabilité, maintes fois énoncée par Spinoza, de la rationalité et de la liberté ? (*TTP* XVI, 10 ; *E* IV, 67, dém. ; 68, dém. ; *TP* II, 11).

L'effet libérateur de la connaissance rationnelle

La tristesse et la souffrance nous laissent bien souvent démunis ou même paralysés, et ce d'autant plus que nous ne comprenons pas toujours ce qui nous arrive. Il se peut ainsi que le deuil, à la perte d'un être cher, nous paralyse, car nous ignorons comment continuer à vivre sans lui. Nous pouvons certes réagir à la douleur par des médicaments, des cris ou des pleurs, mais il ne s'agirait précisément là que de réactions ou de répercussions de ce qui nous affecte, c'est-à-dire de passions, non d'actions. La proposition 3 de l'*Éthique* V, clé de voûte du processus de libération, énonce ceci : « un affect qui est une passion cesse d'être une passion aussitôt que nous en formons une idée claire et distincte ». Elle n'affirme pas que la connaissance peut supprimer une passion en la combattant, mais qu'elle peut supprimer *ce que l'affect a de passif*. Former une idée claire et distincte d'une affection, c'est la rattacher à ses causes, c'est-à-dire la reconnaître comme un effet nécessaire, résultat de notre situation dans le monde. Ainsi, un affect passif d'amour ou de haine enveloppe l'idée de l'être que je considère imaginativement avoir suscité ma joie ou ma haine. Comprendre adéquatement ces affects, c'est ne plus considérer cet être comme *l'origine* de ce que j'éprouve, mais comme faisant partie de la connexion des modes finis. Or, « Dans la mesure où l'âme comprend toutes choses comme nécessaires, elle a une plus grande puissance sur ses affects, autrement dit elle en pâtit moins » (*E* V, 6). Inscrire une passion dans la série rationnellement ordonnée de nos affects, c'est produire une activité adéquate, découlant pleinement de notre essence. Je ne cesse donc pas d'être déterminé par des causes extérieures, mais *je le suis autrement*. Dès que nous comprenons que notre amour ou notre haine est le résultat de l'influence conjointe des causes extérieures et des multiples images que nous formons, nous cessons d'aimer ou de haïr de façon passive et inadéquate. C'est en cela qu'« à toutes les actions auxquelles nous sommes déterminés par un affect qui est une passion, nous pouvons sans lui être déterminés par la raison » (*E* IV, 59). On voit ici se produire un autre régime de vie qui transmue ce qui, dans le régime passionnel, est source d'impuissance et de tristesse. Aucune conduite humaine n'est mauvaise en soi : elle l'est seulement *sous le rapport de l'affect auquel elle est rattachée*. Ce qui signifie que tout ce que nous faisons en étant mus par des affects passionnels, nous pouvons le faire en étant « conduits par la seule raison » (*E* IV, 63, sc.).

L'on peut ainsi punir quelqu'un soit par haine, par crainte ou par colère, pour se venger. Mais on le peut aussi par amour pour la paix publique s'il s'agit, par exemple, d'un citoyen qui a offensé autrui (*E* IV, 51, sc.). De même, l'ambition est ce « désir immodéré de gloire » (*E* III, déf. 44 des affects) associé à la représentation d'une cause extérieure. Attachée à l'image de l'autre, elle demeure potentiellement aliénante et diffère peu de l'orgueil. Mais il est une gloire, nous dit Spinoza, qui peut naître de la raison, dès lors qu'elle repose sur la connaissance de la vraie nature de ce sentiment (voir en particulier *E* V, 4, sc.) ; elle s'appelle alors « honnêteté », cet effort pour se lier aux autres par des liens d'amitié et pour promouvoir ce qui suscite l'approbation des gens de bien (*E* IV, 58 et dém.). Attentive à ne s'affirmer au détriment ni de soi ni des autres, seule cette gloire est propre à éliminer le risque d'une dérive de cet affect vers les formes excessives d'une ambition livrée aux seules règles de l'imagination (l'envie, la haine). Le passage de la passivité à l'activité n'est pas à comprendre à partir de la passivité, mais par le développement même de l'activité. Parce qu'elle ne fait que réduire notre puissance, la tristesse ne nous détermine à rien que nous ne pourrions faire si nous étions conduits par la raison, c'est-à-dire si nous agissions par les seules lois de notre nature. Non pas, donc, renoncement au désir, la connaissance provoque sa réorientation et sa transmutation : le désir de comprendre prend de plus en plus le pas sur le désir de maudire ou de se lamenter, d'imiter ou de dominer. La réforme est donc bien de notre mode de connaître : non plus à travers les modifications de notre corps, mais avec ces « yeux de l'âme » que sont « les démonstrations elles-mêmes » (*E* V, 23, sc.).

Revenons alors à la liberté. Semblablement à Dieu, dont il est partie expressive, l'homme peut être dit libre lorsque son désir, au lieu de se perdre dans la présence factuelle de l'objet, traversée d'images, se détermine selon des idées adéquates. La liberté procède ainsi d'une appropriation rationnelle de soi et d'une détermination par des causes internes, propres à *instaurer un autre type de causalité* que celle qu'impose la puissance des causes extérieures. Cet autre type de causalité s'appuie sur l'opposition entre une nécessité libre et une soumission à l'égard des contraintes (en particulier celles des passions) : la liberté, dira le *Traité politique*, « ne supprime pas mais suppose au contraire la nécessité de l'action » (II, 11). Supposons un mauvais ou un apprenti-nageur. Il ne sait prendre de bons équilibres ni trouver de bons appuis. Il va rapidement s'essouffler, se fatiguer inutilement et même, peut-être, prendre peur. Il est en ce cas passif, au sens où il subit les forces de l'eau, des vagues, et finit vaincu par elles. Qu'il apprenne à mieux nager, à connaître son corps et à comprendre son fonctionnement, il connaîtra davantage la résistance de l'eau et ses masses inertes ; il s'y allongera mieux, y découvrira des points d'appui et saura mieux régler sa respiration sur ses mouvements. Ces connaissances, de soi-même comme des propriétés de l'élément liquide, libèrent notre nageur et le rendent actif : au lieu de subir l'élément, il le domine, s'y sent plus puissant. En même temps, alors que dans le premier cas dominent la frayeur et le sentiment de faiblesse, dans le second cas, je produis par moi-même du plaisir et de la joie, me sens renforcé dans mon être, sans qu'en soient transformées ni les lois et les propriétés de l'eau, ni celles de mon corps et de sa structure.

Il reste à expliquer ce que nous tirons de cette illustration, à savoir pourquoi, au fond, une telle connaissance des lois et des causes serait si réjouissante que cela.

L'effet réjouissant de la connaissance rationnelle

Si l'éthique de Spinoza est une éthique de la connaissance, elle ne saurait se réduire à un simple intellectualisme. S'il est en effet une connaissance du bien et du mal, elle n'est « rien d'autre qu'un affect de joie ou de tristesse en tant que nous en sommes conscients » (*E* IV, 8). Spinoza remet ici en question toute une conception de la morale reposant sur la reconnaissance et sur la poursuite d'un bien et d'un mal considérés comme valeurs objectives et normatives, par lesquelles juger des objets tels qu'ils sont et des actes tels qu'ils devraient être. Une telle connaissance morale, si elle aboutit en outre à des maximes générales et abstraites, est impuissante à déterminer la conduite (*E* IV, 62, sc.). Le bien et le mal se rapportant essentiellement à la joie et à la tristesse, cette « connaissance » ne peut être qu'un affect.

C'est la raison pour laquelle elle ne peut avoir d'efficace et ne venir contrarier un affect qu'en tant qu'elle est *joie de comprendre*, dont la puissance est capable de vaincre la passion triste – puisqu'un affect ne peut être contrarié ou supprimé que par un affect contraire et plus fort (*E* IV, 7). L'effet libérateur de la connaissance rationnelle est ainsi réjouissant : nous nous réjouissons infailliblement de notre puissance de comprendre les causes de nos affects – comme nous expérimentons ordinairement que comprendre telle œuvre d'art, le mécanisme d'un appareil ou les causes d'un phénomène naturel, procure une forme de joie en apportant davantage de lucidité, d'intelligence des choses et de conscience de nos propres aptitudes à comprendre. Lors de la perte d'un être aimé, je prendrai conscience des raisons pour lesquelles j'ai tant aimé cette personne, peut-être aussi de ce qui a entraîné sa perte. Ainsi comprendrai-je que mes souvenirs de bonheur ne sont pas perdus et saurai-je agir autrement dans l'avenir. Bref, comprendre une passion, c'est réussir, par nous-mêmes, à clarifier ce qui nous arrive, à sortir, pour une part, du trouble et de la confusion. Aussi,

> Lorsque l'âme se conçoit elle-même, ainsi que sa puissance d'agir, elle est joyeuse : or l'âme se représente nécessairement elle-même quand elle conçoit une idée vraie, autrement dit adéquate [...]. Donc elle est joyeuse en tant qu'elle conçoit ces idées adéquates, c'est-à-dire en tant qu'elle agit. (*E* II, 58, dém.)

Ce n'est donc pas parce que nous contrarions nos affects que nous éprouvons de la joie, mais c'est parce que nous éprouvons de la joie que nous pouvons les contrarier (*E* V, 42). Si la joie peut être passivement produite par la séduction d'objets extérieurs, elle peut également procéder de l'exercice de la raison, c'est-à-dire de notre propre puissance, ce qui en est une forme plus haute – à l'image de l'enfant qui se réjouira de mener à bien une multiplication, dont il aura fini par comprendre le sens et par maîtriser la méthode. C'est pourquoi, est-il dit à la toute fin de la partie IV de l'*Éthique*, « en tant que nous comprenons, nous ne pouvons [...] trouver de satisfaction ailleurs que dans le vrai » (*E* IV, app., 32). Comprendre, sans rire ni pleurer, n'est pas sans produire du sentiment. Non que la nécessité que nous apprenons à mieux percevoir soit en elle-même réjouissante, mais les causes et les propriétés précises par lesquelles nous comprenons les affects, suscitent, une fois replacées dans l'ordre de la nécessité, une représentation qui « suffit à nous donner du plaisir [*delectamur*] » (*E* III, préf.).

De l'utile propre à l'utile commun

Tandis qu'une chose est mauvaise parce qu'elle nous est contraire et diminue notre puissance d'agir, plus une chose est bonne ou utile pour nous, plus elle doit avoir quelque chose de commun avec notre nature (*E* IV, 31, cor.). Ce principe de proportion, Spinoza l'applique aux hommes. Ceux-ci, en effet, « peuvent différer en nature, dans la mesure où ils sont tourmentés par des affects qui sont des passions ; et dans cette mesure aussi un même homme est changeant et inconstant » (*E* IV, 33). Ainsi, deux hommes conviennent en nature en ce qu'ils aiment le même objet (*E* IV, 34, sc.) ; mais parce qu'il y a imitation des affects, si l'un jouit de cet objet que l'autre désire sans le posséder, ils deviennent tous deux, par tristesse et par haine, contraires l'un à l'autre. Alors les hommes peuvent-ils convenir entièrement sur un objet et vivre dans la concorde ? Il y a là problème. Étant donné en effet l'état passionnel de la plupart des hommes, l'expérience les montre « la plupart du temps envieux et pénibles les uns aux autres. Mais néanmoins ils ne souhaitent pas passer leur vie en solitaires » (*E* IV, 35, sc.). Comment donc surmonter cette insociable sociabilité, concilier l'impossibilité de vivre ensemble et l'impossibilité de vivre autrement qu'ensemble ?

En vérité, *l'intérêt* prime les effets des passions : la coexistence, même d'envieux et de pénibles, présente « beaucoup plus d'avantages que d'inconvénients » (*E* IV, app. 14), ne serait-ce que par les services mutuels que les hommes peuvent se rendre, là où les forces d'un seul ne suffisent guère (*E* IV, app., 28). La socialité est utilitaire et se voit fondée *a minima* sur le besoin. Toutefois, comme l'indique la proposition 36 de l'*Éthique* IV, elle n'est pas sans un horizon plus positif, quoique fort incertain pour les hommes encore tenus par les passions : le souverain bien de ceux qui pratiquent la vertu, commun à tous, et dont tous peuvent jouir également.

La proposition 37 de l'*Éthique* IV énonce alors que ce bien que vise l'homme qui suit la vertu, il le désire aussi pour autrui. En effet, la raison, commune à tous et par laquelle les hommes s'accordent en nature, devient un principe d'union dans la vie sociale. D'une part, celui qui est conduit par la raison comprend son véritable intérêt et désirera pour autrui ce qu'il désire pour lui-même, à savoir la raison. D'autre part, l'homme qui suit la vertu cherche à gagner les autres à sa cause, car nous aimons d'autant plus un objet que nous imaginons les êtres semblables à nous l'aimer aussi. Telle est l'ambition, qui se convertit ici en affect actif, que le premier scolie de la proposition 37 vient bien démarquer de sa forme passive : s'efforcer non pas d'imposer à autrui ses passions et sa façon de vivre en se rendant ainsi odieux, mais de conduire les autres par raison, c'est-à-dire d'agir avec humanité et bienveillance.

Mais nous n'y sommes pas encore, et c'est à partir de notre état passionnel initial que le second scolie de la proposition 37 expose les éléments d'une doctrine politique. Partant d'un droit naturel qui n'interdit rien à personne en dehors de ce qu'il ne peut faire, la société se constitue sous l'effet de la peur des hommes à l'égard d'eux-mêmes, les passions les rendant ennemis les uns des autres. Vivre en sécurité et s'entraider nécessitent alors que chacun renonce à son droit naturel et s'engage à ne pas nuire à autrui. Ce n'est donc pas la raison qui est au fondement de la société, mais la « crainte d'un mal plus grand », loi par laquelle « la société pourra être renforcée si seulement elle revendique pour elle le droit qu'a chacun de se venger et de juger du bien et du mal », et si elle possède ainsi le pouvoir de faire et d'imposer la loi par des menaces de sanction.

La quatrième partie de l'*Éthique* s'achève par un portrait de l'« homme libre » (prop. 67 à 73), dont la conduite se caractérise par la « force d'âme » (*fortitudo*), faite du double effort, sous le commandement de la raison, de conserver son être (*animositas*) et « d'aider les autres hommes et de les joindre à lui d'amitié » (*generositas*). Pour autant, le *De Servitute*, ne livre pas véritablement les moyens d'acquérir « la liberté de l'âme » caractéristique du sage, et parle encore, d'ailleurs, de « l'homme à l'âme forte [*vir fortis*] » en termes d'effort. Car les désirs nés de la raison, bien qu'ils soient des affects qui sont des actions, peuvent encore être contrariés par d'autres désirs issus de passions qui nous dominent. L'exercice de la puissance propre de l'entendement, qui est en soi un contentement, demeure fluctuant et fragile, et l'effort du penser n'est jamais pleinement garanti, surtout si « nous ignorons en grande partie l'ordre et les liaisons de la nature entière » (*TTP* XVI, 4). C'est pourquoi, écrit A. Matheron, « l'homme libre, tel qu'il apparaît à la seule lecture des propositions du livre IV, est encore en liberté provisoire » (*Individu et Communauté chez Spinoza*, p. 540).

Par le passage au troisième genre de connaissance, la sagesse du sage de la cinquième partie sera donc celle qui verra les causes extérieures ne plus jouer de rôle *déterminant* dans l'orientation de sa conduite, et les idées claires et distinctes constituer alors la plus grande partie de l'âme.

De la joie à la béatitude

Du gaudium *à l'*acquiescentia

Gaudere, c'est être joyeux, se réjouir ou encore éprouver un certain sentiment d'épanouissement, comme à l'égard, par exemple, de la nourriture. Le scolie de la proposition 57 de l'*Éthique* III étend ce sentiment à celui d'un contentement à l'égard de sa propre nature : partie de l'infinie puissance divine, l'âme sent nécessairement, quoique variablement, cette part de puissance. Mais cet affect, par lequel l'individu jouit de sa propre puissance, n'en reste pas moins variable et marqué par la singularité, telle que deux amours ne sont jamais vécues de façon identique (voir *E* III, 51), ou que la différence est grande « entre le contentement [*gaudium*] qui mène par exemple un ivrogne, et le contentement dont jouit un philosophe » (III, 57, sc.). Car notre véritable puissance – ou, comme nous l'avons vu, agir par vertu – consiste à être déterminé à faire quelque chose du fait que nous comprenons, c'est-à-dire concevons adéquatement toutes choses, ce qui produit une joie active, plus féconde et plus stable. Se réjouir de sa nature est donc un affect qui peut être passif et soumis à fluctuations. C'est bien le cas avec l'envie (*invidia*), cette forme de haine qui dispose l'homme à « se réjouir [*gaudeat*] du mal d'autrui et inversement à s'attrister de son bien » (*E* III, 24, sc.).

Or, c'est à partir du moment où l'individu se prend lui-même comme objet, que le *gaudium* se fait *acquiescentia* : « La satisfaction de soi-même est la joie qui naît de ce que l'homme se représente lui-même ainsi que sa propre puissance d'agir » (*E* III, déf. des affects, 25). On notera que si le *gaudium* touche tout individu, même animal, l'*acquiescentia*, dans toutes les occurrences de l'*Éthique*, se rapporte exclusivement à l'homme. À cette satisfaction de soi-même, qui certes peut naître d'un imaginaire narcissique (*E* IV, 55, sc.), Spinoza donne parfois la plus haute valeur éthique lorsqu'il naît de la raison, c'est-à-dire suit d'une contemplation adéquate de soi et de sa puissance d'agir (voir par exemple *E* IV, 52, sc. et app., 4). Que signifie plus précisément ce sentiment, tel qu'il peut naître de la raison ? Contempler sa propre impuissance, si l'on entend par là se connaître comme chose finie au sein de l'ordre commun de la nature, n'implique pas la tristesse. En me comprenant en effet comme tel, je me comprends moi-même comme expression limitée de la puissance de Dieu, ce qui est comprendre en même temps qu'est donné « quelque chose de plus puissant que soi » (*E* III, 53, sc.). En bref, l'*acquiescentia* est action lorsque l'homme comprend en vérité la puissance qui est la sienne et pourquoi elle est sienne, et contempler cette puissance ainsi comprise est un affect actif de joie.

Sous cette modalité compréhensive, souci de soi et singularité, saisis comme rattachés, en leur essence, à l'ordre de la nature, sont la préoccupation essentielle du sage. Une idée traverse toute l'œuvre de Spinoza : l'homme est d'autant plus libre et jouit d'une joie éternelle et souveraine qu'il réussit à s'unir plus fortement à Dieu, comme on a pu le voir avec le § 13 du *Traité de la réforme de l'entendement* (voir encore *CT* II, chap. IV, 10 ; *TTP* IV, 4 ; Lettre 21, § 11). Certes, une telle union peut être appréhendée de manière imaginative, comme obéissance à un principe transcendant. Mais elle peut l'être également de manière rationnelle et s'entendre alors comme participation à la puissance de la nature naturante. Même si le *Traité théologico-politique* et le *Traité politique* insistent sur le fait qu'il n'est point de salut pour le plus grand nombre en dehors de l'obéissance (au droit du Souverain ou à la loi de Dieu), jamais ils n'excluent la voie de la raison dans la recherche de la béatitude. Cette voie, lente, progressive et plus difficile, est assurément plus sûre pour qui veut pleinement jouir de la vie éternelle. La joie qui en est produite, en outre, est à elle-même sa propre récompense, une idée essentielle qu'énoncera la dernière proposition de l'*Éthique* (« la béatitude n'est pas le prix de la vertu mais la vertu elle-même ») et que l'on retrouve dans le *Traité théologico-politique* (préf., 9 ; V, 20 ; XV, 8). C'est de cette voie que traite l'ultime partie de l'*Éthique*, par le développement, en deux temps, des modalités de cette compréhension joyeuse de la nécessité affective.

D'un nouvel usage de l'imagination à l'amour envers Dieu

Il existe, afin de limiter les affects ou de leur donner une nouvelle orientation, des remèdes que tous connaissent, sans savoir clairement, toutefois, qu'ils les connaissent :

> [...] Puisque la puissance de l'âme [...] se définit par la seule intelligence, c'est par la seule connaissance de l'âme que nous allons déterminer les remèdes aux affects – remèdes dont tous ont l'expérience, je crois, mais sans les observer avec soin ni les voir distinctement – et c'est d'elle que nous allons déduire toute sa béatitude. (*E* V, préf.)

Quels sont donc ces remèdes ? Le *De Libertate* commence par exposer la possibilité d'une intelligence de sa propre affectivité à travers l'élaboration d'une certaine manière, maîtrisée, d'imaginer (prop. 1 à 10). L'imagination, au principe de la connaissance du premier genre, n'est pas vouée à la confusion. En tant que puissance, on peut en faire un bon usage, comme mémoriser les maximes propices à l'action droite et nous les répéter afin de nous les approprier. C'est l'idée, par exemple, que la haine ne peut être vaincue que par l'amour et non par la haine, ou que l'amitié mutuelle et la société vont dans le sens de notre intérêt véritable. Nous pouvons, autrement dit, par une certaine discipline, parvenir à substituer à nos associations d'images spontanées et habituelles, soumises aux circonstances et aux aléas, de nouvelles associations, s'efforçant de « confier à la mémoire » (*E* V, 10, sc.) les rapports de nécessité qui définissent les lois du réel. Nous serons, de cette façon, moins affectés par les causes extérieures, alors saisies dans la nécessité de leur action. Nous pouvons nous efforcer d'imaginer les effets nocifs de la vengeance, ceux, bénéfiques, de la générosité, ou encore de mobiliser des prescriptions de la raison – comme nous rendre attentifs à « ce qui en chaque chose est bon » (*E* V, 10, sc.), ou penser au bon usage de la gloire. Est ainsi possible un travail de la raison sur l'imagination, en l'affectant de préceptes, mais aussi un travail de l'imagination sur elle-même, en y appliquant davantage la puissance de notre esprit, en l'exerçant, par le raisonnement, à rattacher ses images à des causes nécessaires. Ainsi l'irritation provoquée par l'agitation des enfants est calmée dès lors que nous prêtons attention au fait que ce sont des enfants.

Cette façon, pour l'imagination, de devenir réfléchie et d'avoir pour objet « les propriétés communes des choses » (*E* V, 7, dém.), est propre à mener à une union affective avec Dieu, principe d'intelligibilité de nos affections, mais également avec tous ceux que nous imaginons éprouver la même union avec Dieu, ce qui l'alimente en nous-mêmes. Ce travail de l'imagination peut être encore renforcé de façon à occuper l'âme de plus en plus, au point qu'elle se mobilise autour d'une idée adéquate : l'idée de Dieu. Voilà qui entraîne à la fois un affaiblissement du sentiment que l'on éprouvait à l'égard d'une cause supposée libre, et la naissance d'un autre type d'affect, tirant son origine de la raison dans son activité connaissante : *l'amour envers Dieu* (*amor erga deum*). Parce qu'il est relatif à des notions communes et moins dépendant de causes particulières, cet affect l'emporte sur tout autre type de sentiment.

On sait l'importance théologique du thème de l'amour de Dieu. Mais comment, ici, pouvoir parler d'un affect envers, ou de la part d'un principe impersonnel, indifférent, cependant source et objet de désir ? Si Dieu, hors de toute superstition et de tout anthropomorphisme, ne peut ni aimer ni haïr qui que ce soit (*E* V, 17, cor.), comment peut-il bien éprouver un affect et être pensé comme capable d'amour envers les hommes (car Spinoza dira aussi que Dieu nous aime) ? Reprenons la définition de l'amour : « une joie qu'accompagne l'idée d'une cause extérieure » (*E* III, déf. des affects, 6). Cet affect peut être une passion ou une action. Si le désir est de comprendre les choses telles qu'elles sont en elles-mêmes, alors l'amour portera sur l'ordre commun et invariable de la nature, c'est-à-dire sur Dieu. Ne peut ainsi manquer d'éprouver un tel amour celui qui comprend ses affects, puisque comprendre véritablement une chose, c'est la comprendre à partir de son lien immanent à Dieu, principe d'intelligibilité de nos affections. L'âme, par conséquent, « peut faire que les affections du corps, autrement dit les images des choses, se rapportent toutes à l'idée de Dieu » (*E* V, 14). Une chose est de moins subir la haine en vertu du principe selon lequel tout se fait avec nécessité, autre chose, dès lors que la haine est comprise à partir de l'idée de Dieu, est qu'elle n'occupe plus « que la moindre part de l'âme » (*E* V, 20, sc.).

Cette manière de connaître qu'est l'amour envers Dieu produit une joie qu'accompagne donc l'idée de Dieu comme cause. En raison de sa constance (rien ne peut détruire cet amour), de sa non-ambivalence (nous ne pouvons haïr Dieu), de la force, enfin, avec laquelle il occupe l'âme (*E* V, 16), cet affect a tout pour se substituer à nos affects les plus nuisibles. Telle est la puissance de la raison aidée de l'imagination, une raison qui, en quelque sorte, devient elle-même joyeuse et contrarie par là la puissance des causes extérieures et la tristesse née de ce que nous subissons les choses. Est donc ici mobilisée la compréhension de l'union ontologique avec Dieu, cause immanente de toutes choses. Mais se voit encore mobilisée l'union de l'âme avec le corps. Toute cette première étape de l'*Éthique* V rappelle en effet que la puissance de la raison contre les affects ne s'exerce pas sur – ou contre – le corps, et que ce dernier a une puissance propre de participer à la libération affective, grâce à l'organisation de ses images dans un ordre utile à l'entendement.

La suite de l'*Éthique* V (à partir de la prop. 21), consacrée non plus à la puissance de la raison sur les affects, mais à la liberté de l'homme, peut être lue comme une seconde voie de libération qui, sans divorce ni différence de nature, approfondit celle que Spinoza vient d'exposer. Elle se propose de fonder et de montrer le caractère indestructible de la connaissance, en la rapportant non plus seulement à une imagination rationnelle et à la durée de notre corps (l'*amor erga deum* dure autant que nous durons), mais à « la durée de l'âme sans relation au corps »

(*E* V, 20, sc.), ce qui signifie « sans relation à l'existence du corps » (*E* V, 40, sc.). De la connaissance du troisième genre procède alors un type d'amour différent – mais non tout autre –, qui passe du point de vue de la durée à celui de l'éternité auquel il est lié : *l'amour intellectuel de Dieu.*

Le troisième genre de connaissance ou science intuitive

Le deuxième genre de connaissance nous amène à nous connaître comme déterminés par les lois de la nature. La connaissance est ici universelle, au sens où c'est notre individu, non en tant que tel mais en tant que partie de la nature, que nous rattachons à cette dernière. Or, s'il y a ce que nous avons en commun avec les choses (par exemple obéir à certaines lois du mouvement), il y a aussi ce qui fait notre singularité. La connaissance du troisième genre saisit intuitivement la nécessaire dépendance qui rattache *notre individualité comme telle* à la nature de Dieu et à ses attributs. S'il est toujours question de causalité, il ne s'agit plus de reconstruire tout le schéma causal de chaque chose, mais de saisir cette dépendance avec la même évidence par laquelle nous saisissons que la quatrième proportionnelle aux trois nombres simples 1, 2 et 3, est précisément 6. Ce que Spinoza appelle « science intuitive » consiste ainsi dans la connaissance rationnelle, non plus de propriétés communes, mais *de l'essence singulière d'une réalité* (un homme, un phénomène physique ou affectif), *dans ses liens avec le tout* auquel elle appartient et qu'elle exprime à sa manière.

Ainsi, par le troisième genre de connaissance, l'âme en laquelle dominent les idées adéquates comprend ses propres affections, c'est-à-dire les rapporte à Dieu, puisque

« tout ce qui est est en Dieu et [que] rien sans Dieu ne peut être ni être conçu » (*E* I, 15). Si la raison nous fait connaître la nécessité des choses et de leurs causes, connaître intuitivement, c'est connaître immédiatement l'essence singulière d'une chose comme rattachée à la nature, c'est-à-dire dans son lien avec l'essence immuable et infinie de Dieu. La connaissance des choses singulières n'étant rien d'autre que la connaissance de Dieu à travers ses manières d'être, alors comprendre véritablement un caillou, une plante ou soi-même, c'est toujours en même temps, comme acte de voir le tout dans la partie, une connaissance de Dieu. C'est pourquoi « Plus nous comprenons les choses singulières, plus nous comprenons Dieu » (*E* V, 24).

L'aspect de notre éternité

En vertu de notre union nécessaire et éternelle avec Dieu, la science intuitive nous fait connaître les choses et nous-mêmes du point de vue de l'éternité. Concevoir son âme dans son union non plus avec un corps inscrit dans la durée, mais avec *l'essence corporelle elle-même*, c'est concevoir son propre corps « sous l'aspect de l'éternité [*sub æternitatis specie*] » (*E* V, 23, sc. et 29).

La première partie de *l'Éthique* a défini l'éternité comme « l'existence elle-même, dans la mesure où l'on conçoit qu'elle suit nécessairement de la seule définition de la chose éternelle » (déf. 8). L'éternité ne s'explique ni par l'immortalité de l'âme ni par la durée – laquelle est identifiée, dans la Lettre 12, à l'existence modale. C'est nous qui, peu à peu, prenons conscience de ce qui est éternel, c'est-à-dire de notre pouvoir de ne plus penser les choses en termes de commencement et de fin. Cette éternité, qui n'a plus de rapport au temps, ne peut se concevoir en dehors de la saisie de l'essence divine, au sens où il existe en Dieu une idée qui exprime l'essence de chaque corps humain, dont l'âme est l'idée, sous l'aspect de l'éternité (*E* V, 22). Autrement dit, l'âme est conduite à se concevoir en considérant non plus la relation à son corps existant en acte, *sub durationis specie*, mais l'essence éternelle du corps (*E* V, 29). Comme l'écrit Gueroult (*Spinoza*, vol. 2 : *L'âme (Éthique, II)*, p. 615) :

> L'expression *sub æternitatis specie* [...] signifie que, lorsque nous connaissons les choses *au point de vue de Dieu*, nous les connaissons *au point de vue de l'éternité divine*, telles qu'elles sont en soi, c'est-à-dire telles que Dieu les connaît, à savoir comme suivant de la nécessité de sa nature éternelle ; ce qui est le propre de toute connaissance adéquate, rationnelle ou intuitive.

Ce que Spinoza appelle ainsi éternité n'est rien d'autre que l'existence désormais considérée dans son rapport avec l'essence de Dieu. Au-delà des notions qu'elle forme à partir de la reconnaissance des propriétés communes, l'âme conçoit désormais les choses singulières non pas comme elle en est affectée, mais en tant qu'elle a, à partir de l'idée adéquate de certains attributs de Dieu, la connaissance adéquate de leur essence. En somme, « L'âme est éternelle en tant qu'elle conçoit les choses sous l'aspect de l'éternité » (*E* V, 31, sc.), à partir, autrement dit, de leur immanence à la puissance divine. De cette éternité, l'âme a conscience : par la science intuitive, « nous sentons et expérimentons que nous sommes éternels » (*E* V, 23, sc.). Lorsqu'en effet nous comprenons et produisons des démonstrations, nous les engendrons en nous et produisons des vérités ; nous faisons par-là l'expérience de la part active de notre âme en tant qu'elle comprend, c'est-à-dire l'expérience d'une puissance de production de quelque chose d'éternel.

L'amour intellectuel de Dieu et la béatitude

La proposition 28 de l'*Éthique* IV l'affirmait déjà expressément, comme en un résumé parfait de l'ouvrage : « Le souverain bien de l'âme est la connaissance de Dieu et la vertu suprême de l'âme consiste à connaître Dieu ». Parce que l'âme se comprend désormais à partir de son lien immanent à Dieu, sans lien à la durée du corps, sa joie s'accompagne « de l'idée de Dieu comme cause » (*E* V, 32). Cette joie, Spinoza la nomme « amour intellectuel de Dieu » (*E* V, 32, cor. ; 33 ; 36, sc.). On aura compris que cet amour, nullement mystique ou charnel, est « intellectuel », au sens où il est comme le retentissement affectif ou l'effet induit de la compréhension que nous prenons des choses, en les rapportant immédiatement à Dieu (ou à la substance) comme à leur cause. Autrement dit, il désigne cette joie que procure la connaissance, par l'intellect, des liens qui nous unissent à la nature tout entière. Mais le génitif de l'expression *amor intellectualis Dei* est clairement polysémique. Parce que notre puissance de comprendre est une partie de l'entendement de Dieu, cet amour désigne également l'amour

> (…) par lequel Dieu s'aime lui-même, non point en tant qu'il est infini, mais en tant qu'il peut s'expliquer par l'essence de l'âme humaine considérée sous l'aspect de l'éternité ; c'est-à-dire que l'amour intellectuel de l'âme envers Dieu est une part de l'amour infini par lequel Dieu s'aime lui-même. (*E* V, 36)

Mais par cet amour, nous dit Spinoza contre toute attente, Dieu nous aime aussi (*E* V, 36, cor.). Il s'agit là d'une identification : l'amour de Dieu envers nous est – ou, en quelque sorte, passe par – notre amour pour lui, ce qui signifie que la partie éternelle de notre âme à travers laquelle nous aimons intellectuellement Dieu est en même temps une partie de l'amour qu'il éprouve pour lui-même – de la même manière qu'avoir une idée vraie signifie que Dieu a cette idée en tant qu'il s'explique par l'âme humaine (*E* I, 25, cor.). C'est en ce sens que Dieu s'aime lui-même, à travers l'ensemble des âmes humaines. Ce que nous permet de saisir la connaissance intuitive, c'est que notre béatitude – autrement dit « la suprême félicité » (*E* IV, app., 4) – est en vérité celle de Dieu, dans la mesure même où il constitue l'essence de notre âme. Car dans cette union amoureuse avec Dieu, nous ne nous sommes pas perdus : nous sommes *singularisés* positivement, tout en comprenant comment nous pouvons être activement déterminés par d'autres hommes. Le lien qui nous unit à Dieu se comprend aussi comme une relation aux autres, en tant qu'ils nous déterminent à comprendre et qu'à notre tour nous les déterminons à comprendre (*E* V, 40, sc.).

La joie que procure la science intuitive n'est pas ordinaire, car elle est sans passage : elle est en fait la satisfaction de l'âme (*animi acquiescentia*), ou le contentement (*gaudium*) que chacun éprouve naturellement (*E* III, 57, sc.), mais élevé à son plus haut point. Telle est la béatitude, non plus, donc, passage à une plus grande perfection, mais, pour l'âme, possession de la perfection elle-même (*E* V, 33, sc.). Dans l'ultime scolie de l'*Éthique*, la béatitude du sage, « conscient par quelque éternelle nécessité de lui-même, de Dieu et des choses », est par deux fois « *vera acquiescentia* », jouissance faite de confiance, d'apaisement et d'assurance.

Jouir de cette vraie vie, ce n'est là ni promesse, ni récompense ni mérite, mais notre salut lui-même, aussi ardu soit son accès (*E* V, 42, sc.). Un bref passage du dernier chapitre du *Court traité* résume admirablement ce chemin du salut :

> Puisque nous découvrons qu'à rechercher les plaisirs des sens, la volupté et les choses terrestres, nous ne recevons pas notre salut, mais, au contraire, notre ruine, c'est pourquoi nous préférons ici la direction de notre entendement. Mais comme celle-ci ne peut faire aucun progrès sans être d'abord parvenue à la connaissance et à l'amour de Dieu, il a été pour cette raison de la plus haute nécessité de rechercher Dieu. Et parce que [...] nous avons trouvé qu'il est le plus grand de tous les biens, nous sommes obligés de nous y tenir et de nous reposer sur lui. Car nous avons vu qu'il n'y a en dehors de lui aucune chose qui puisse nous donner quelque salut et que la véritable liberté est d'être et de rester attaché par les aimables chaînes de son amour. (*CT* II, chap. XXVI, 5)

L'éthique demeure une éthique de la connaissance. Spinoza n'est pas le premier à avoir soutenu que l'homme pouvait se libérer des passions et des maux par la connaissance et par l'accès, qu'elle permet, à l'éternité, voire au divin. Il y a bien là des résonances platoniciennes et néoplatoniciennes. Cependant, la connaissance n'est nullement ici de quelque principe extérieur et transcendant, mais de nous-mêmes et de la nature. Cette connaissance, de laquelle procède la félicité, relève de notre propre activité, nous rend davantage adéquats à notre essence et constitue une espèce d'amour, puisqu'elle joint l'objet à sa cause. C'est pourquoi ce qui nous est le plus utile consiste à parfaire autant que possible l'entendement ou la raison ; car si de la connaissance intuitive de Dieu naît la plus grande satisfaction intérieure, parfaire l'entendement « n'est rien d'autre que comprendre Dieu, ses attributs et ses actions qui suivent de la nécessité de sa nature » (*E* IV, app., 4).

Il est alors permis d'avancer que la connaissance de Dieu n'est rien d'autre que cette connaissance déployée dans l'*Éthique*, c'est-à-dire cette « vraie philosophie » que Spinoza prétend, face à Burgh, savoir comprendre, en son chemin comme en son but (Lettre 76).

S'oppose-t-elle à la religion ? Il n'en est apparemment rien, puisque la religion, d'un côté, est elle-même pensée comme un affect de la raison ou une manière d'être, plutôt qu'une institution. Telle est sa vérité dans l'*Éthique* : « Tout ce que nous désirons et faisons, dont nous sommes cause en tant que nous avons l'idée de Dieu, autrement dit en tant que nous connaissons Dieu, je le rapporte à la religion » (*E* IV, 37, sc. 1). Mais d'un autre côté, si la religion prend l'aspect d'une superstition, nourrie des passions d'espoir et de crainte (*E* V, 41, sc.), comment ne viendrait-elle pas s'opposer à la vraie philosophie ?

Les formes de religion et leurs rapports à l'État

Pourquoi parler de religion ?

Si, pour traiter de la religion, Spinoza ne part pas de sa propre doctrine mais de la Bible, il n'en est pas moins question de philosophie, puisque séparer celle-ci de la foi, écrit-il dans le *Traité théologico-politique*, « constitue la visée essentielle de cet ouvrage tout entier » (XIV, 2). Un tel but porte deux grands enjeux liés entre eux. D'une part, en termes de liberté de penser, au sens où Spinoza se dit « entièrement convaincu que l'Écriture laisse la raison absolument libre et qu'elle n'a rien de commun avec la philosophie » (*TTP*, préf., 10). D'autre part, en termes proprement politiques, l'étude de l'Écriture sainte révélant qu'on n'y trouve rien qui puisse fonder les institutions politiques.

La question centrale est au fond la suivante : de quelles vérités la religion est-elle porteuse ? Encore faut-il identifier ce que Spinoza entend par « religion », une notion dont il parle à travers divers vocables : *religio, pietas, religio divina, vera religio*. On peut distinguer, en s'inspirant des analyses de Sylvain Zac (*Essais spinozistes*, p. 85-86), trois grandes formes de religion à travers l'*Éthique* et le *Traité théologico-politique*. Ces trois formes – qui en vérité se ramènent à deux – ne sont pas sans s'articuler aux trois genres de connaissance exposés dans l'*Éthique*. En outre, étant donné les enjeux en matière de pouvoir politique, ces formes ne peuvent être explicitées abstraction faite de leurs rapports spécifiques à l'État comme à un certain type d'obéissance : par la crainte, par l'amour, par la joie, enfin, qui naît de la compréhension rationnelle de Dieu.

La superstition ou vaine religion

La superstition, qualifiée dès la préface du *Traité théologico-politique* de « vaine [*vana*] religion » (§ 4 et 6), est même le contraire de la « vraie [*vera*] religion », celle qui enseignera l'amour et le respect de Dieu ainsi que la charité envers autrui. Il serait donc plus juste de parler non d'une forme de religion qui serait superstitieuse, mais d'une superstition religieuse. S'imaginant ordinairement soumis à la fortune, les hommes cherchent par n'importe quel moyen à s'assurer d'être heureux, fût-ce après cette vie. Aussi la vaine religion est-elle fort répandue car, naissant tous ignorants des causes des choses (*E* I, app.), des désirs comme des phénomènes susceptibles de nous affecter, les hommes sont tous en proie à la crainte et à l'angoisse. De là la production d'une idée fausse de Dieu et cette propension, si commune, à « croire n'importe quoi » (*TTP*, préf., 1), à implorer le secours divin, à voir dans les événements heureux ou malheureux des présages et, croit-on alors, à plaire à Dieu. La superstition n'ignore pas la causalité mais elle la pervertit, de telle sorte qu'un chat noir sera toujours considéré comme une cause de malheur si, une fois, il a été vu avant qu'un malheur ne survînt.

La superstition, dont les premières lignes du *Traité théologico-politique* mettent au jour les ressorts, est au fond la croyance en la possibilité que se produisent des faits qui échapperaient aux lois communes de la nature, comme dans le cas des miracles. Véritable « délire de l'imagination » (*TTP*, préf., 3), elle nous conduit à flotter « misérablement entre l'espoir et la crainte ». Un tel rapport à la réalité conduit encore à toutes sortes de représentations anthropomorphiques et finalistes, à imaginer des divinités vengeresses et des histoires de présages ou de péchés qui développent les passions tristes comme la peur, la culpabilité ou le remords (voir en particulier *E* I, app. ; Lettres 54 et 76).

Il en va ici d'un enjeu sociopolitique : le premier genre de connaissance procède de représentations reçues de l'autorité de chefs religieux ou politiques, qui savent habilement utiliser la crainte de châtiments ou l'espoir de récompenses, c'est-à-dire manipuler l'inconstance et l'ignorance humaines en vue d'asseoir plus sûrement leur pouvoir en le faisant passer pour sacré. Qu'il songe à l'histoire de sa famille, aux guerres de religion depuis la fin du XVIe siècle ou au contexte présent des Provinces-

Unies, marqué de vigoureuses interventions de l'Église calviniste jalouse de son hégémonie, Spinoza s'attache à faire ressortir la façon dont la religion peut en effet devenir un instrument redoutable au service du pouvoir politique, enclin à utiliser les clergés et leur influence, tant pour se donner une assise idéologique que pour aider à intérioriser le principe d'obéissance. Ainsi, déclare-t-il sans détours, « le plus grand secret du gouvernement monarchique et son intérêt principal consistent à tromper les hommes et à masquer du nom spécieux de religion la crainte qui doit les retenir, afin qu'ils combattent pour leur servitude comme si c'était pour leur salut [...] » (*TTP*, préf., 7 ; voir aussi VII, 1). La foi se voit alors réduite à une simple crédulité et la religion, ainsi pervertie, à des « mystères absurdes » (*TTP*, préf., 9), tandis que l'usage des textes sacrés est tel que « presque tous, nous le voyons, cherchent à faire passer leurs inventions pour parole de Dieu [...] » (*TTP* VII, 1).

C'est ce mode passionnel d'approche des livres saints, fauteur de troubles et de guerres, qui conduit Spinoza à vouloir en effectuer une relecture critique. On précisera que l'Écriture sainte, ici, ce sont surtout les textes de la Bible hébraïque écrits en hébreu du Xe au Ve siècle av. J.-C. puis traduits en grec au IIe siècle av. J.-C. par les Septante, ainsi que les textes chrétiens du Nouveau Testament, rédigés en grec (dont Spinoza cite surtout l'Évangile de Jean et les Épîtres de Paul). Or, l'interprétation de ces textes fait problème en raison même du décalage entre ce qu'ils disent précisément et ce qu'on leur fait dire, en fonction de motivations qui en dénaturent le sens. Comment donc faire en sorte de parvenir à une lecture rigoureuse de la Bible ? Comment, au fond, savoir ce que Dieu veut ? Sans doute est-ce dans la réponse à cette question que Spinoza, peut-on avancer, élabore une véritable philosophie de la religion.

Le credo minimum *et l'inscription politique de la religion universelle*

Spinoza s'attaque à un texte de nature paradoxale puisque, tout en étant *Le* Livre, censé consigner la parole de Dieu, il n'en est pas moins aussi *un* livre, obéissant, comme tout autre, à des normes spécifiques de composition. À l'exigence de dégager *ce que dit réellement* l'Écriture elle-même, il faut une nouvelle méthode d'examen – sur laquelle nous nous pencherons à l'occasion de l'étude du *Traité théologico-politique*. Le principe en est qu'elle « ne diffère pas de la méthode d'interprétation de la nature mais lui est entièrement conforme » (*TTP* VII, 2). Un tel principe, qui peut surprendre, signifie que la connaissance que l'on peut prendre de la Bible est semblable, sur le fond, à celle d'un phénomène de la nature. Aussi les livres sacrés, productions humaines, doivent-ils être traités comme des objets naturels, et les faits bibliques comme des faits naturels. Toute la méthode d'interprétation qu'élabore Spinoza, sur la base d'une critique externe et interne du texte lui-même, destitue l'Écriture de son caractère sacré (puisqu'on traite ses textes comme s'ils étaient des textes profanes), tout en restant fidèle à l'axiome selon lequel elle transmet la parole divine. Visant à dégager le sens d'un texte symbolique et non rationnel, cette méthode permet, *in fine*, d'en revenir à l'essence de la religion, ce qui est une façon de la démarquer de la superstition.

Il ressort en effet de l'étude menée que la religion révélée n'est nullement faite de ces mystères insondables que professent les théologiens ; que le discours biblique, narratif et parabolique, ne peut être considéré comme un discours censé livrer un savoir profond sur la nature des choses ; qu'il vaut par conséquent pour ses *enseignements moraux*, comme guide de conduite incitant les croyants à obéir à Dieu et à aimer leur prochain. Certes, l'interprétation établit que les textes sacrés ne peuvent être traités comme les messages d'un Dieu transcendant, délivrés miraculeusement à des hommes élus. Mais ainsi désacralisée, la parole de Dieu ne s'en trouve pas pour autant détruite, car il reste que « nous pouvons comprendre avec certitude la pensée de l'Écriture touchant les choses nécessaires au salut et à la béatitude » (*TTP* VII, 17). On ne peut saisir le sens de ce propos qu'à la condition de distinguer la part d'invention humaine à l'œuvre dans l'Écriture, de cette « parole de Dieu » qui y est consignée et qui en forme comme le noyau de sens, universel. Aussi est-ce à partir de la Bible, malgré les pertes et les altérations textuelles, qu'il est possible d'établir cette forme de religion que Spinoza nomme « *pietas* », « *vera religio* » ou « *religio divina* », objet des chapitres XIII à XV du *Traité théologico-politique*.

Les textes bibliques sont emplis d'images qui toutes renvoient à des leçons très simples d'ordre moral. Ces textes s'ordonnent à un seul but : inciter les hommes à obéir aux préceptes moraux nécessaires au salut comme à une bonne société. Il en va ainsi de la loi de Moïse (les Dix Commandements) et de celle du Christ (« Tu aimeras ton prochain comme toi-même »). Ce noyau doctrinal essentiel, qui nous est parvenu sans corruption, les prophètes l'ont enseigné diversement par des récits, des paraboles et des révélations, autant de moyens adaptés à l'imagination et aux sentiments des foules variées. Par-delà toutes les particularités des textes, donc, sept « dogmes de la foi universelle », comme l'écrit Spinoza, « c'est-à-dire les points fondamentaux qui sont la visée de l'Écriture universelle » (*TTP* XIV, 10), constituent ce qu'on a pris l'habitude d'appeler le *credo* minimum. Ils peuvent se résumer ainsi : il existe un Dieu c'est-à-dire un être suprême souverainement juste et miséricordieux, unique, omniprésent et omnipotent ; lui obéir consiste uniquement à pratiquer la justice et la charité, c'est-à-dire à aimer son prochain ; ceux qui lui obéissent sont sauvés et ceux qui se repentent sont pardonnés de leurs péchés.

L'interprétation de ce *credo* ne va pas de soi car il est parfaitement susceptible d'une double lecture : soit en langage imaginatif, si ces dogmes demeurent au niveau de la connaissance du premier genre, et que le Dieu décrit est un Dieu de fiction ; soit en langage philosophique, car l'on peut considérer qu'il s'agit ici d'une simple transposition imagée des principes de l'*Éthique*, en particulier les quatre premiers dogmes (l'existence, l'unicité, l'omniprésence et l'omnipotence) que l'on trouve pratiquement à l'identique dès le début de l'Appendice de la Partie I. C'est qu'au fond les préceptes de la théologie, en tant qu'elle porte cette vraie foi, s'accordent avec la raison, sans la contredire. Que la certitude de la théologie ne soit pas de type mathématique mais d'ordre moral, ses enseignements, à travers la parole de Dieu, n'en sont pas moins perceptibles par la raison commune – ce qui justifie sa qualité d'être « universelle » (*TTP* XV, 6). Car les mêmes contenus du *credo* minimum (pratiquer la justice, être vertueux, etc.) peuvent aussi bien être établis par la raison. Mais « universelle » renvoie encore au dénominateur commun à toutes les religions révélées, c'est-à-dire à ce qui les unit et non à ce qui, dans leurs pratiques ou leurs dogmes particuliers, les oppose. Il reste que chacun, en les interprétant à sa manière, peut sans réserve se saisir des articles de cette foi pratique.

Ils ont leur traduction sociale. Établir la nécessité de pratiquer la justice (cette « volonté constante d'attribuer à chacun ce qui lui revient selon le droit civil », *TTP* XVI,

15) et la charité (c'est-à-dire ne pas tuer, ne pas voler et venir en aide à son prochain, autant qu'on peut et dans la mesure de ce que l'État autorise), c'est en même temps obéir à la loi de l'État et assurer la concorde entre les citoyens (voir *TP* III, 10). Tout ce que l'on peut croire d'autre sur Dieu (sa manière d'agir, ses messies ou ses prophètes, ses prescriptions ou ses interdits) est laissé à la liberté de chacun. *La vérité de la religion*, outre quelques dogmes fondamentaux, *est donc pratique* – en un sens davantage politique pour l'Ancien Testament, davantage moral pour le Nouveau.

Afin de répondre à la question des relations précises qui doivent s'établir entre l'État et la religion universelle, Spinoza prend un exemple topique, celui de la République des Hébreux du temps de Moïse. Moïse a sacralisé la politique autant qu'il est possible : être pieux, c'est être juste (en accord avec la loi), et être juste, c'est être charitable, se soucier de son prochain. La loi définit les aspects de la morale extérieure, et les institutions gouvernementales sont équilibrées : elles reposent sur une répartition du pouvoir entre les chefs de tribus, pour l'exécutif, et les prêtres, pour l'interprétation de la loi et l'instruction du peuple. Mais une disposition de la loi mosaïque eut des conséquences funestes (*TTP* XVII) : les charges sacerdotales finirent par être réservées à la seule tribu des Lévites – celle de Moïse – qui n'avait pas sombré dans l'adoration du veau d'or. Cette inégalité d'attribution engendra des discordes liées à l'amour-propre et au mécontentement économique, si bien qu'au fil du temps, les Hébreux finirent par abandonner leur religion et se tourner vers d'autres cultes. S'ensuivirent une décadence nationale et morale, de multiples convulsions politiques et des guerres avec les États voisins. La religion ne fut plus que superstition et se scinda en sectes (Pharisiens, Sadducéens, Zélotes, etc.).

Sur cette étude historique prend appui la thèse d'*une nécessaire autonomie de l'autorité politique*. Dans la théocratie juive telle qu'elle aurait dû être, les prêtres n'avaient aucun pouvoir politique. C'est là un sujet sur lequel Spinoza s'entretient fréquemment dans sa correspondance (Lettres 19, 21 et 23 à Blyenbergh ; 30 et 73 à Oldenburg ; 43 à J. Osten ; 76 à Burgh). S'il veut régner en toute sécurité, l'État doit légiférer sur la religion : « Ceux qui détiennent le pouvoir souverain sont les défenseurs et les interprètes non seulement du droit civil mais aussi du droit sacré ; [...] seuls ils ont le droit de décider ce qui est juste et ce qui est injuste, ce qui est pieux et ce qui est impie » (*TTP*, préf., 14). Encore faut-il bien distinguer, dans cette thèse d'une prééminence du pouvoir civil, entre les sphères du public et du privé. D'un côté, le plan de la *foi universelle*, c'est-à-dire le culte extérieur de Dieu et les obligations des Églises, sur lesquels la puissance souveraine a force de droit (*TTP* XIX, 3). En vertu de ce qu'exige le salut du peuple entier, Spinoza défend le contrôle étatique sur le *jus circa sacra*. Il revient ainsi à l'État de « désigner les ministres [du culte], de déterminer et d'établir les fondements et l'enseignement de l'Église, [...] d'excommunier quelqu'un ou d'admettre quelqu'un dans l'Église [...] » (*TTP* XIX, 15). D'un autre côté, le plan de la *foi particulière*, qui relève de la souveraineté inaliénable des individus en matière d'opinion religieuse, et qui doit être sauvegardé, sans danger, par le pouvoir temporel. Aussi ne faut-il pas s'étonner de voir Spinoza affirmer qu'appartient aux magistrats « l'autorité suprême d'interpréter les lois », y compris religieuses et, tout à la fois, que chacun dispose de « l'autorité suprême d'expliquer la religion et d'en juger » (*TTP* VII, 22).

Si donc par religion on entend cette religion universelle qui consiste, comme l'Écriture l'enseigne, dans la pratique de la justice et de la charité, elle est d'autant moins incompatible avec la tâche de l'État qu'elle est conforme aux intérêts de la société, c'est-à-dire utile à la paix et à l'obéissance, pour des hommes qui sont par nature des êtres passionnés, indociles et ennemis les uns des autres.

De la séparation entre théologie et philosophie à la liberté de penser

Le *credo* minimum de la religion universelle peut et doit servir, aux yeux de Spinoza, de terrain d'entente entre les croyants des églises d'inspiration biblique, mais aussi entre les croyants et les philosophes, puisque ses articles de foi s'accordent avec la raison. S'entendre, peut-être, mais surtout ménager soigneusement la séparation qui, rappelons-le, constitue la visée essentielle de tout le *Traité théologico-politique* (XIV, 2). L'interprétation de l'Écriture sainte aboutit conjointement – dans le même chapitre XIV du *Traité théologico-politique* – à fonder la séparation de la philosophie d'avec la foi ou théologie – à laquelle n'appartient que ce qui est connu par révélation, c'est-à-dire d'abord la parole de Dieu (*TTP* XV, 6).

De l'interprétation de l'Écriture, donc, se déduit que sa vocation n'est en rien de nous instruire de la vérité des choses. En conséquence, « [...] entre la foi – c'est-à-dire la théologie – et la philosophie, il n'y a aucune relation [*commercium*] ni aucune affinité » (*TTP* XIV, 13 ; voir également préf., 11). L'unique *but* de la foi est la piété, c'est-à-dire l'obéissance à des règles morales de justice et de charité ; celui de la philosophie est la vérité. Le *fondement* de la foi réside dans les récits historiques et la langue ; celui de la philosophie dans les notions communes (par exemple l'étendue ou la figure pour les corps), qui rendent possible une déduction d'idées adéquates. Enfin, tandis que le *principe* de l'une est la révélation – qui nécessite le secours de l'imagination –, celui de l'autre est la nature – autant la lumière naturelle de celui qui connaît, que les lois universelles de ce qui est, hors de toute référence à une dimension surnaturelle. C'est un rapport de subordination que le penseur hollandais, après d'autres, entend combattre. À cet égard, le titre même du chapitre XV du *Traité théologico-politique* est clair : « La théologie n'est pas la servante de la raison ni la raison celle de la théologie ».

Il s'agit donc de garantir et de faire valoir le libre usage de la raison – pour la science, pour la religion ou, en l'occurrence, pour la possibilité de penser Dieu, ses attributs et ses modes. Mais il s'agit encore de défendre la place du philosophe face à une supériorité revendiquée et menaçante d'hommes qui, se vantant « de posséder une lumière surnaturelle, veulent l'emporter en savoir sur des philosophes qui ne disposent que de la lumière naturelle » (*TTP* XIII, 2 ; voir aussi *PPD* I, 9, sc.). Finalement, l'hétérogénéité de la philosophie et de la théologie est telle qu'elle rend impossible toute espèce de concurrence ou de rivalité, comme elle exclut une quelconque relation de subordination de l'une à l'autre, qui a pu produire une instrumentalisation de la philosophie par le pouvoir religieux. Il suit de là que « la foi reconnaît à chacun la plus grande liberté de philosopher de façon que chacun puisse sans crime penser ce qu'il veut de toutes choses » (*TTP* XIV, 13). Séparer aboutit ainsi à éviter un redoutable mélange de genres et, par-là, à garantir la piété (les hommes sont libres de penser ce qu'ils veulent au sujet de Dieu). En outre, en dessinant l'idée d'une *vera religio*, Spinoza refonde le contenu véritable de la foi religieuse et attribue à la théologie une entière autorité dans son domaine propre (enseigner les dogmes pieux, faciliter l'obéissance ou promouvoir l'attitude vertueuse).

Si la superstition peut être combattue par l'appropriation du message essentiel de la vraie religion, révélée à travers les textes par les prophètes, elle peut l'être encore par la production d'une religion rationnelle. Car l'enseignement que l'Écriture sainte dispense sous la forme de lois prescriptives, la raison le comprend déductivement à partir de l'idée adéquate de Dieu (voir *E* IV, 37, sc. 1). La religion universelle n'épuise donc pas l'idée spinozienne de religion : l'accès à la connaissance du troisième genre fonde en effet une authentique religion philosophique, qui n'exclut pas la religion prophétique au sens où toutes deux sont ordonnées à un même but : le salut de l'âme, sa béatitude.

La religion rationnelle

Il n'est pas tant surprenant de voir Spinoza parler de la piété religieuse comme d'une autre voie possible de salut, accessible à tous. En effet, si la religion n'est qu'*a minima* un discours d'ordre spéculatif, elle a en revanche une portée morale certaine. Elle apprend, par l'obéissance qu'elle réclame, à régler les appétits et à accéder à la moralité et au salut. Ainsi, « [...] la simple obéissance est un chemin du salut » (*TTP* XV, 10), c'est-à-dire un moyen de sortir de la servitude en agissant selon la loi divine et en se rendant utile aux autres hommes.

La lumière naturelle, cependant, démontre-t-elle la possibilité d'une telle puissance salvatrice de l'obéissance religieuse ? Spinoza ne craint pas de reconnaître les limites de la puissance, cognitive ou affective, de la raison. Il avoue, par exemple dans le *Traité théologico-politique*, que « nous ignorons en grande partie l'ordre et les liaisons de la nature entière » (XVI, 4) et, dans l'*Éthique*, que la force des désirs pour un plaisir présent peut bien surpasser celle des désirs qui naissent de la raison (IV, 15 à 17). Il reste cependant possible d'établir la parfaite *compatibilité* de la béatitude issue de la raison et de celle qu'affirme la théologie bien comprise : les dogmes du *credo* minimum montrent qu'il n'est pas besoin de connaître réellement l'essence de Dieu pour croire en son existence, ni surtout pour vivre cette foi salutaire consistant à lui obéir. Et de fait, l'Écriture semble apporter aux hommes une grande consolation et produire ses effets en termes de plus grande vertu.

Le salut par l'obéissance demeure néanmoins subordonné à la loi, et la religion universelle aux images collectives d'un Dieu providentiel, qui ne laisse pas de nous soumettre à ces pseudo-mystères que sont le Péché originel, la Rédemption et la Résurrection, comme au besoin d'une espérance mêlée de crainte. Aussi l'amour intellectuel de Dieu qui, débarrassé de ces représentations, procède de la connaissance du troisième genre, s'identifie-t-il à la vraie dévotion, à la religion de l'esprit, celle qui *relie* l'individu aux autres et au tout de l'être de la nature. Car la connaissance produit une satisfaction plus haute et plus solide. Il ne faut donc pas s'étonner de voir Spinoza affirmer – et c'est là ce qui s'approche le plus d'une définition de la religion – que « tout ce que nous désirons et faisons, dont nous sommes cause en tant que nous avons l'idée de Dieu, autrement dit en tant que nous connaissons

Dieu, je le rapporte à la religion » (*E* IV, 37, sc. 1). Celle-ci, comme la piété, « se rattache à la force d'âme » (*E* V, 41, sc.), à laquelle se rattachent elles-mêmes toutes les actions qui suivent d'affects se rapportant à l'âme en tant qu'elle comprend (*E* III, 59, sc.). C'est bien en ce sens que Spinoza se défend contre Velthyusen, qui l'a accusé de renverser toute la religion :

> Est-ce que, je pose la question, l'on est dépouillé de toute religion quand on soutient qu'il faut reconnaître Dieu comme le souverain bien, et l'aimer comme tel d'une âme libre, et que c'est là seulement que réside notre suprême félicité, notre suprême liberté ? (Lettre 43)

Spinoza s'est efforcé de montrer que l'Écriture n'autorise en aucune façon le droit que s'arrogent ministres et théologiens d'intervenir dans les affaires de l'État et d'entraver la liberté de philosopher. Mais, outre les préjugés concernant la religion, il est nécessaire – c'était là le second enjeu de l'analyse de l'Écriture sainte – « de signaler [...] aussi les préjugés concernant le droit du Souverain » (*TTP*, préf., 8). Ce qu'en effet l'autorité religieuse ne peut empêcher, rien ne dit encore que l'autorité politique ne s'y opposera pas. La question est donc de savoir jusqu'où l'État peut autoriser la liberté de pensée, enjeu, désormais, d'une réflexion sur le fondement des institutions politiques.

LA POLITIQUE

Le corpus qui constitue la doctrine politique de Spinoza est constitué de trois moments théoriques différents : celui du *Traité théologico-politique*, qui vise à produire une doctrine de la liberté individuelle de penser et d'expression dans l'État ; celui de la quatrième partie de l'*Éthique* ; celui, enfin, du *Traité politique*, qui traite des conditions théoriques et concrètes de conservation d'un régime politique. Il est permis d'avancer que l'*Éthique* fournit les principes et les grandes lignes de la doctrine politique, propres à en unifier le corpus. Ces principes établissent, en particulier, qu'« il n'y a rien [...] qui soit plus utile à l'homme qu'un homme qui vit sous la conduite de la raison » (IV, 35, cor. 1), et que vivre dans la Cité, c'est être plus libre (IV, 73).

Pourquoi et comment parler de politique ?

Le plaidoyer spinozien en faveur de la liberté de philosopher a son contexte politique, lié aux velléités de l'Église calviniste (voir p. 146-147 sur le *TTP*). Mais il a également son enracinement philosophique sur un « droit de nature » des sujets, « qu'on ne peut leur retirer sans le plus grand danger pour l'État [...] » (*TTP*, préf., 13). Or, la stabilité de l'État n'est pas l'uniformisation de ses parties, et elle ne peut exclure les tensions intérieures et les désaccords (*TP* VI, 1). Il s'agit donc de déterminer quels sont les droits et les modes de fonctionnement de l'État, de façon à mesurer tant l'étendue de son intervention à l'égard de la liberté de penser, que l'étendue de celle-ci à l'égard du souverain. Mais la réflexion politique de Spinoza trouve encore sa justification par la finalité de la doctrine, à savoir « la perfection de la nature humaine et sa béatitude » (*TTP* V, 7). Il n'est pas possible, en effet, que la tranquillité intérieure et la piété, recommandées par la raison, soient pratiquées ailleurs qu'au sein d'un État capable d'instaurer un climat de concorde (*TP* II, 21). L'horizon éthique de la politique (même si ce n'est pas là son but premier) est ainsi clairement indiqué, et ce, dès le premier ouvrage du penseur hollandais. Des autres, affirmait déjà le *Traité de la réforme de l'entendement*, nous pouvons certes tirer bien des avantages; mais ils sont aussi des fins, car la quête d'« un bien véritable, capable de se communiquer » (§ 1) ne saurait faire l'objet d'une entreprise solitaire. Il appartient ainsi à mon bonheur de « former une société qui permette au plus grand nombre possible d'y parvenir aussi facilement et aussi sûrement que possible » (*TRE*, § 14; voir encore *TTP* III, 1 et *E* IV, 36, 37).

S'il n'oublie jamais le problème des effets politiques des passions, Spinoza sait aussi combien « l'homme que mène la raison est plus libre dans la cité, où il vit selon le décret commun, que dans la solitude, où il n'obéit qu'à lui-même » (*E* IV, 73). Ce motif éthique de la réflexion politique a sa traduction concrète : la béatitude et l'exercice qu'elle suppose, avec d'autres, de la raison, nécessitent certaines conditions de vie, à savoir une société politiquement organisée où l'individu soit libéré de l'urgence vitale. Comme l'écrit Sylvain Zac, « À la recherche d'un bien véritable [...], Spinoza est cependant un philosophe politiquement engagé; il sait que le succès de son entreprise est solidaire, en partie, de l'existence d'institutions politiques saines et libres » (*Essais spinozistes*, p. 135). Comment, dès lors, s'y prendre pour établir les fondements d'un État stable, qui l'emporte sur ses forces de destruction?

La question invite la philosophie à se demander de quelle manière se saisir elle-même comme juste théorisation de la chose publique et de sa pratique. Tel est l'objet des quatre premiers articles du *Traité politique*, en forme de discours de la méthode, s'attachant à dessiner la philosophie politique qui pourra se présenter comme science.

Faut-il s'en remettre aux philosophes? Mais il faut bien constater qu'ignorant les lois qui régissent les affects, Satiriques ou Mélancoliques (*E* IV, 35, sc.) ont pris les passions humaines pour des vices imputables aux hommes et se sont finalement montrés fort peu doués pour traiter des matières politiques. Ces penseurs, s'égarant à concevoir « les hommes non tels qu'ils sont mais tels qu'ils voudraient qu'ils soient » (*TP* I, 1), ont été amenés à concevoir une politique qui ne puisse être tenue « pour autre chose qu'une Chimère, bonne à instituer en l'île d'Utopie [...] » (*TP* I, 1). Les hommes politiques, instruits quant à eux de l'expérience des passions humaines, ne seraient-ils pas alors plus qualifiés en matière de science du gouvernement des États ? Sur ce point, l'écho positif de Machiavel ne fait pas de doute : le Florentin sait prendre en effet les hommes tels qu'ils sont, en proie aux désirs et aux passions, comme il sait juger les gouvernants et les gouvernés sur leurs actions. Toutefois, si les politiques évitent de moraliser et de rêver, ils n'en considèrent pas moins les hommes comme irrémédiablement vicieux, ce qui justifie à leurs yeux l'art de la manipulation. Les effets sont là : mus par le seul souci de se conserver, de « diriger la multitude » (*TP* I, 3), ils semblent s'être fermés à toute préoccupation d'un bien commun comme à tout espoir d'un perfectionnement de la nature humaine. En ce sens, les théologiens (*TP* I, 2) les jugent fautifs d'oublier toute piété. Mais voilà qu'eux-mêmes se prétendent aptes à conseiller les pouvoirs souverains et, tout comme ceux qu'ils condamnent, substituent leur intérêt privé au bien public.

Se distinguer de la sorte des philosophes, des politiques et des théologiens permet à Spinoza de définir la norme rationnelle à laquelle il entend ordonner sa propre démarche. D'une part, l'expérience reste, à travers l'histoire et la diversité des tempéraments individuels ou collectifs, ce dans quoi puiser pour reconstruire des formes théoriques d'État. Il s'agit, d'autre part, de toujours considérer la nature humaine telle qu'elle est. En matière de politique, la réflexion philosophique ne saurait donc être ni invention ni expérience de pensée. La tâche, par conséquent, consistera à « [...] établir par des raisons certaines et indubitables ce qui s'accorde le mieux avec la pratique, et de le déduire de la condition de la nature humaine elle-même » (*TP* I, 4). L'examen des institutions doit être au fond mené comme celui des affects, c'est-à-dire en comprenant tant les causes et les modalités de l'organisation sociale des hommes que ce qui peut conduire à sa désagrégation. Les conditions d'une science politique à la fois vraie et utile sont donc les suivantes : être une science déductive ; s'appuyer sur une anthropologie démontrée (la science des affects) ; devoir s'accorder avec la pratique ; évaluer enfin ses énoncés à l'aune des enseignements de l'expérience historique.

Droit de nature et État. Utile propre et utile commun

Il y a bien, sous la plume de Spinoza, un état de nature. Cependant, cette notion ne semble nullement qualifier un état présocial ou même précivil, mais plutôt renvoyer à la situation dans laquelle se trouvent les hommes livrés à leurs seules passions. L'état de nature ne signifie donc pas nécessairement un état de guerre, mais il décrit l'homme en sa condition spontanée, d'être à la fois passionné et socialisé, et non tel qu'il pourrait ou devrait être avant l'apparition de la société ou de l'État. Il semble donc que, pour le penseur hollandais, c'est au sein de la vie sociale que se déploie un tel état. On peut en effet lire, dans le *TP* (II, 15), que

> [...] Le droit de nature propre au genre humain ne peut guère se concevoir que là où les hommes ont des règles

> de droit communes d'après lesquelles, ensemble, ils peuvent à la fois revendiquer légitimement la propriété de terres habitables et cultivables, se protéger, repousser toute force et vivre suivant le sentiment commun de tous.

S'il n'est de sociabilité originelle ou dérivée, il est toutefois possible de parler d'un être social de l'homme comme un *effet du conatus*, sur lequel s'enracine la réflexion politique (*TP* III, 18). L'utile à la recherche duquel nous assigne notre nature ne se conçoit pas en effet hors de rapports de dépendance et d'effets variables des forces extérieures. Aussi ne pouvons-nous « jamais arriver à n'avoir besoin de rien d'extérieur à nous pour conserver notre être, et à vivre de façon à n'avoir aucun commerce avec les choses extérieures à nous » (*E* IV, 18, sc.). Si notre effort peut trouver en autrui un puissant auxiliaire, puisque rien ne convient mieux à l'homme qu'un autre homme, alors il n'est rien « que les hommes puissent souhaiter de mieux pour conserver leur être que de s'accorder tous et en toutes choses, de façon que […] tous en même temps cherchent ce qui leur est utile en commun à tous » (*E* IV, 18, sc.).

Mais il y a là difficulté : entre l'*Éthique*, qui nous indique que le salut s'obtient par la connaissance, et la société en laquelle s'expriment les passions des hommes, philosophie et politique apparaissent comme deux chemins fort distincts. Les passions semblent bien plus susceptibles de diviser les hommes que de les rapprocher, car en tant qu'ils y sont soumis, « on ne peut dire qu'ils s'accordent par nature » (*E* IV, 32 ; voir aussi *TP* I, 5 et II, 14). Le principe de l'imitation des affects, on s'en souvient, nous conduit à désirer que les autres vivent suivant notre complexion. Que les uns soient menés par le mépris, d'autres par la dévotion, d'autres encore par la gloire, chacun s'efforce de plier le monde à son propre tempérament. L'imitation des affects ne rend en rien les hommes plus sociables et produit spontanément bien plus la discorde que la concorde. De ce fait, comment concilier le noyau des passions antipolitiques (l'envie, la colère, la haine, etc.) et la demande d'organisation sociale par besoin d'entraide, de sécurité et de paix ?

C'est de ce *jus naturae* de l'individu que part Spinoza. Mais la conception qu'il en forge n'est plus celle du droit rationnel des stoïciens et de Grotius, que seuls possèdent Dieu et l'homme doué de raison, et qui détermine les rapports de justice en soi. Spinoza se rapproche ici de Hobbes : la nature ne constitue ni une autorité extérieure ni la norme de quelque devoir-être. Elle ne prohibe rien sinon ce que personne ne désire ni ne veut, façon de dire que la conduite de chacun se voit uniquement réglée sur les lois de sa propre nature :

> Par droit et institution de la nature, je n'entends rien d'autre que les règles de la nature de chaque individu, selon lesquelles nous concevons chaque être comme déterminé à exister et à agir d'une façon précise. Par exemple, les poissons sont déterminés par la nature à nager, les gros à manger les petits [...]. (*TTP* XVI, 2)

La réduction du droit à la puissance – voire sa résorption dans le *conatus* (*TTP* XVI, 2) – trouve son fondement dans les propositions 33 et 34 (avec leurs scolies) de la première partie de l'*Éthique*, qui ramènent Dieu à la pure *potentia*, dont nous sommes partie expressive. Le droit de nature de chacun s'étend aussi loin que s'étend sa puissance. Il n'y a donc, dans l'état de nature, ni norme extérieure, ni vice ni faute, et tout ce qui est possible est permis. Ignorant ou sage, chacun y vit selon son propre droit, c'est-à-dire selon ce que persuadent les lois de l'appétit ou ce que commandent celles de la raison.

Si vie en communauté il doit y avoir, les hommes doivent donc y être amenés par quelque intérêt profond. Le point de départ est plutôt classique : « les hommes aspirent par nature à la société civile » (*TP* VI, 1) en raison de la crainte qu'ils éprouvent à l'égard de leur propre conservation. Cette crainte a un double ressort : *les autres* et *la solitude*. En premier lieu, l'opposition des hommes passionnés reprend le thème hobbesien de la « guerre de tous contre tous » : tant qu'ils sont tourmentés par quelque affect de haine (la colère, l'envie), les hommes sont « par nature ennemis » (*TP* II, 14 ; voir aussi III, 13 et VIII, 12) ; si donc chacun a loisir de tout faire selon son gré, alors il est impossible de vivre « en sécurité et à l'abri de la crainte » (*TTP* XVI, 5 ; voir aussi V, 7 et *TP* II, 15). En second lieu, à considérer un individu seul, il n'a de lui-même ni assez d'art, ni assez de force ni assez de temps pour se conserver et pourvoir à ce dont il a besoin (labourer, semer, tisser, se défendre, etc.) – sans même parler de l'acquisition des arts et des sciences (*TTP* V, 7 ; *TP* II, 15). Pour être absolu, le droit naturel d'un individu isolé n'en est donc pas moins très faible, et les hommes, à défaut d'entraide mutuelle, mèneraient une vie tout à fait précaire et misérable. Tel est le point de départ et la justification de l'ordre politique : « La société est fort utile, et même tout à fait nécessaire, non seulement pour vivre à l'abri des ennemis, mais encore pour s'épargner beaucoup d'efforts » (*TTP* V, 7).

Si donc les passions ne viennent pas entraver la composition des *conatus*, c'est parce que la loi de l'intérêt (qui est d'abord simplement vital) vient prévaloir sur leurs effets, quand bien même les hommes ne comprendraient pas véritablement que l'utile propre et l'utile commun sont en réalité convergents. Non pas, comme le défendent les précurseurs du libéralisme, que la recherche de l'intérêt particulier irait toujours dans le sens de l'intérêt général : c'est plutôt la recherche de l'utile commun qui toujours, chez Spinoza, va dans le sens de l'utile propre. Les hommes expérimentent donc aisément le fait que « par une aide mutuelle ils se procurent beaucoup plus facilement les choses dont ils ont besoin et que c'est en joignant leurs forces qu'ils peuvent éviter les dangers qui les menacent partout » (*E* IV, 35, sc.).

Mais si elle résout une situation problématique, la société ne va pas elle-même de soi : comment parvenir en effet à nous accorder, sinon en passant d'un droit individuel à une forme de droit collectif? Les hommes, écrit Spinoza, « ont dû faire en sorte que le droit que chacun avait par nature sur toutes choses soit exercé collectivement et ne soit plus déterminé désormais par la force et l'appétit de chacun, mais par la puissance et la volonté de tous ensemble » (*TTP* XVI, 5). Seul un *transfert* rend possible la constitution de l'État : il faut « stipuler et promettre » (*TTP* XVI, 5) de réfréner nos appétits, de ne pas léser autrui et même de défendre son droit. Mais comment, sans contradiction avec le droit naturel, former une société, et faire en sorte que soit assurée la fidélité à cet être collectif que crée le pacte – c'est-à-dire une promesse d'obéissance ? Il est clair, pour Spinoza, que le « passage » de l'état de nature à l'état social ne met pas fin aux passions ni, par conséquent, aux rapports de forces qu'elles génèrent. Nullement fruit d'une volonté ou d'une délibération rationnelle, le pacte se pense à l'aune des hommes tels qu'ils sont, du jeu des passions, des besoins et des intérêts. Aussi ne peut-il être respecté qu'autant que dure la passion qui a poussé à le contracter (*TTP* XVI, 16). Or, personne n'abandonnerait son droit naturel au profit d'un droit désormais déterminé « par la puissance et la volonté de tous ensemble » (*TTP* XVI, 5), sinon en vertu de cette loi universelle de la nature humaine qui détermine chacun à choisir « entre deux biens celui qu'il juge être le plus grand et entre deux maux celui qui lui semble le moindre » (*TTP* XVI, 6). Cette loi n'est pas abolie avec la création du pacte civil. Un pacte ne pouvant avoir de force *qu'eu égard à son utilité*, seule la recherche de la sécurité et de l'entraide peut amener les hommes à s'associer et à renoncer à agir suivant leur seul décret, et seule la garantie de cette utilité peut rendre effective et sensée ma promesse d'obéissance. Que l'individu soit conduit au pacte par la seule crainte d'un mal ou par la connaissance de ce qui lui est réellement utile, la loi de l'intérêt prévaut, et, comme nous l'avons vu avec le traitement de l'utile commun dans l'*Éthique*, elle prévaut sur les effets des passions.

Une société pourra donc être formée et le pacte respecté si chacun, écrit Spinoza, « transfère toute la puissance qu'il détient à la société qui conservera donc seule un droit souverain de nature sur toutes choses, c'est-à-dire un pouvoir souverain auquel chacun sera tenu d'obéir, librement ou par crainte du dernier supplice » (*TTP* XVI, 8). Il faut ici relever deux points tout à fait fondamentaux. D'une part, ce transfert de puissance est de tous sans aucune exception ni réserve (ce serait, autrement, une source d'inégalités). Tous doivent obéissance au souverain, lequel doit disposer d'assez de puissance pour que chacun puisse espérer qu'autrui sera puni s'il rompt le pacte. D'autre part, le transfert s'effectue « sans contradiction avec le droit naturel » (*TTP* XVI, 8), puisque le fondement de l'État ne se trouve pas ailleurs qu'en ce droit – que l'obéissance demeure déterminée par la raison (ce qui est rare) ou par la passion (ce qui est très fréquent).

S'il est assurément possible de relever des points communs entre l'auteur du *Léviathan* et celui du *Traité théologico-politique*, ils diffèrent cependant en ce que, si l'état de nature est un état de guerre, cela ne relève pas, aux yeux de Spinoza, de quelque agressivité naturelle, mais de l'ignorance et de la servitude natives des hommes, qui les conduisent à agir en se nuisant à eux-mêmes. Mais sa plus grande différence avec Hobbes, Spinoza la formule lui-même dans la Lettre 50 à J. Jelles :

> Voici [...] quelle est la différence entre Hobbes et moi en politique. Pour ma part, je maintiens toujours le droit naturel dans son intégrité et je soutiens que dans toute Cité, le Souverain suprême ne possède pas plus de droit sur un sujet qu'à la mesure du pouvoir par lequel il l'emporte sur lui. Ce qui est aussi bien le cas dans l'état de nature.

Spinoza ne fait pas porter la différence sur ce qu'est le droit de nature, mais sur son « emploi », selon un principe de continuité, contre la discontinuité hobbesienne : alors que le penseur anglais supprime le droit naturel et que l'institution politique consiste à « fabriquer un homme artificiel, qu'on appelle République » (*Léviathan*, chap. 21), le droit naturel, chez Spinoza, « ne cesse pas dans la société civile » (*TP* III, 3). Il change de dépositaire, se trouve réorienté par les institutions. Le pacte continue l'état de nature, au sens où les hommes doivent y voir une réalisation plus sûre et plus parfaite de leur utile, dont les conditions seront la paix, la sécurité et la liberté. Le propos adressé à Jelles se comprend, au fond, par le sens que Spinoza donne au droit de l'État (ou du Souverain), qui « n'est rien d'autre que le droit de nature lui-même, déterminé par la puissance non de chacun, mais de la multitude lorsqu'elle est conduite comme par une seule âme » (*TP* III, 2).

Cette question du devenir civil du droit naturel s'adosse donc à la fois à l'idée que le droit est toujours affaire de puissance ; à la prise en compte des passions – que la théorie politique hobbesienne minore pour ce qui est de la conservation du corps politique ; à l'irréductibilité, enfin, de l'association civile au seul souci sécuritaire.

Le but de l'État et la démocratie

> La fin de la république ne consiste pas à transformer les hommes d'êtres rationnels en bêtes ou en automates. Elle consiste au contraire à ce que leur esprit et leur corps accomplissent en sécurité leurs fonctions, et qu'eux-mêmes utilisent la libre Raison, sans rivaliser de haine, de colère et de ruse, et sans s'affronter avec malveillance. La fin de la république, c'est donc en fait la liberté. (*TTP* XX, 6)

Y a-t-il équivoque entre, d'un côté, la paix et la sécurité (dans le *TP*) et, de l'autre, la liberté (dans le *Traité théologico-politique*) ? En réalité, le ressort de la paix véritable ne saurait être la force et la terreur, propres à faire une société d'esclaves, mais la concorde des citoyens dans le respect de leur liberté. Davantage mus par l'espoir que par la crainte (celle, politique, du pouvoir du tyran ou celle, superstitieuse, des châtiments divins), les hommes ne s'associent pas *uniquement* en vue de leur sécurité, quand bien même celle-ci est affirmée comme la finalité de l'État (*TTP* III, 6 ; *TP* I, 6 et V, 2). On voit encore ici la distance qui sépare Spinoza de Hobbes : alors que pour le penseur anglais l'obéissance à l'État repose sur l'utilité et sur la peur, Spinoza explique à plusieurs reprises que la crainte constitue une motivation tout à fait insuffisante pour la stabilité de l'État et la pleine réalisation des tâches de la vie civile. C'est pourquoi, si l'association exige le transfert des droits naturels de l'individu au profit de la communauté, une aliénation totale « demeurera, dans bien des cas, purement théorique. Jamais personne, en effet, ne pourra transférer à un autre sa puissance, et par conséquent son droit, au point de cesser d'être un homme » (*TTP* XVII, 1). Ainsi le souverain, sauf à causer sa propre ruine, ne peut commander au citoyen ce à quoi répugnent les lois mêmes de sa nature comme, par exemple, haïr son bienfaiteur ou cesser « d'avoir l'opinion qu'il veut et de dire son opinion » (*TTP*, préf., 14 ; XVI, 1).

S'il est donc vrai d'affirmer avec Hobbes que le pouvoir de l'État est un pouvoir absolu, c'est cependant à l'État démocratique que Spinoza accorde un tel pouvoir. Sans doute faut-il rapidement ressaisir, pour bien le comprendre, la définition des idées de république et d'État. La république, sous la plume de Spinoza, est un terme général qui désigne non un type de gouvernement mais un État de droit – ni monarchique ni despotique. L'État, quant à lui, consiste dans le « droit que définit la puissance de la multitude » (*TP* II, 17), en tant qu'elle constitue un corps politique entier. La démocratie est la forme de république sous laquelle un État est le plus libre. Elle est en effet, selon Spinoza, « l'assemblée universelle des hommes détenant collégialement un droit souverain sur tout ce qui est en sa puissance » (*TTP* XVI, 8), et sa fin n'est autre que de « contenir les hommes, autant que faire se peut, dans les limites de la raison afin qu'ils vivent dans la concorde et dans la paix » (*TTP* XVI, 9). Loin d'être un idéal ou un modèle de tolérance qui permettrait à chacun d'agir selon son gré, le droit de la démocratie est l'exercice d'une contrainte. Rien ne saurait limiter l'autorité du souverain, auquel tous sont tenus « d'exécuter absolument tous les commandements » (*TTP* XVI, 8). Absolu, le pouvoir l'est au sens où il n'est lié par rien d'autre que par ses propres lois (qu'il peut décider de changer), et qu'il n'est pas d'autre pouvoir au-dessus de lui. Néanmoins, parce que le droit de la démocratie n'appartient qu'au tout (de la société) collectivement, et se trouve en cela borné par sa puissance, devoir obéir sans faille à l'autorité ne saurait ôter aux hommes leur liberté. Si l'esclave est contraint de ne faire que ce qui est utile à une volonté étrangère, chacun, en démocratie, transfère son droit naturel non à un autre, mais « à la majorité de la société tout entière dont il constitue une partie » (*TTP* XVI, 11) ; nul n'abdique donc sa liberté dans le transfert, au sens où il la retrouve dans l'identité de l'intérêt général et du sien propre. Autant la multitude, mue par le désir de sécurité, que le souverain, mû par celui de conserver son pouvoir, ont *intérêt* à ce que les dispositions législatives soient les moins absurdes possibles. Autrement dit, l'État, lorsqu'il est démocratique, se conserve en conservant ceux qui le composent, c'est-à-dire en assurant leur sécurité et leur liberté, conditions de leur loyauté et de leur obéissance. C'est pourquoi la démocratie représente le régime politique « le plus naturel et le plus proche de la liberté que la nature accorde à chacun » (*TTP* XVI, 11).

La liberté de penser

C'est dans ce cadre que prend sens la défense de la liberté de penser à laquelle est ordonné le *Traité théologico-politique*. La question, d'emblée, est moins celle d'un contenu que celle d'une étendue : « jusqu'où [*quo usque*] » (*TTP* XVI, 1 et XX, 5), demande Spinoza, la liberté de philosopher peut-elle s'étendre dans la cité ? Le traitement du problème part de cette donnée qu'est la propension ordinaire des hommes à juger « de toutes choses selon leur propre complexion » (*TTP* XX, 3) et, indissociablement, à exprimer leurs opinions ou à enseigner leurs pensées. Entendons par là aussi bien les sermons d'un pasteur que tous les moyens de manifester et d'échanger des opinions : réunions, publications, assemblées délibératives, etc. De là un complexe formé de la *pensée* (raisonner, juger), de la *parole*, associée à l'enseignement (au sens de diffuser), enfin de l'*action*.

En premier lieu, si « un État bien réglé sera celui où l'on accordera à chacun cette liberté » (*TTP* XX, 4), il doit alors être permis à chacun de s'acquitter de ses fonctions, tant physiques qu'intellectuelles. Il serait absurde que les individus transfèrent le droit de raisonner et de juger librement de toutes choses. Inaliénable, ce droit de nature détermine d'emblée une limite du souverain quant à commander aux âmes – sauf à vouloir les régenter par la violence. En deuxième lieu, si le droit de penser, comme le montre assez l'expérience, implique celui de dire et d'enseigner ce que l'on pense, nous possédons cette liberté d'expression à l'égard du souverain et des lois, ce qui est même, sous conditions, un devoir (*TTP* XX, 8). L'histoire a amplement montré les désavantages, en termes de perfidie, de fourberie et même de schismes, d'une prohibition de la liberté de pensée et d'expression. Sur ce point, Spinoza se démarque de Bacon et de Hobbes en ce qu'il ouvre l'espace des controverses et de la discussion politique (*TTP* XX, 14), espace d'une parole salutaire parce que légitimée à participer (en tant que parole) au perfectionnement de la loi. Toutefois, la liberté d'expression trouve ses limites eu égard à son *effet* potentiellement séditieux à l'encontre du droit du souverain. Il est ici question non de celui qui, tout en argumentant, s'en tient à suggérer au souverain de corriger la loi, mais de celui qui y désobéit en cherchant à la modifier – par la diffamation, la vengeance, ou en soutenant par exemple que chacun doit vivre selon son propre jugement (*TTP* XVI, 9). Affirmer, par exemple, qu'il revient au souverain de gérer les affaires sacrées, cela n'est pas séditieux. Quant à la liberté d'action, enfin, il est nécessaire, eu égard au droit du souverain et donc à la stabilité et à la paix de l'État, d'abandonner – ou plutôt de céder – son droit de décider et d'agir selon son propre décret. C'est exclusivement à ce droit que chacun, pensant être le seul à juger sainement et à savoir ce qu'il faut faire, doit renoncer. Si un désaccord à l'égard d'une loi impliquait de lui désobéir, l'État s'en trouverait ruiné, et ce serait encore se contredire que d'accepter de transférer ses droits de nature tout en désobéissant à l'autorité constituée par ce transfert (*TTP* XX, 8).

Il s'agissait de le démontrer : l'État concède aux hommes la même liberté d'opinion que leur concède la foi. Si des inconvénients peuvent en découler (*TTP* XVI, 10), la conservation de l'État s'en trouve plus fortement garantie : non qu'il s'agisse d'en finir avec les conflits passionnels, du moins s'en trouvent-ils régulés, et la liberté philosophique, comme le développement de la raison, possèdent-ils leur espace.

Comment, maintenant, faire en sorte que la concorde civile perdure, quelle que soit la forme du régime politique considérée ? Nous en avons vu la condition fondamentale : plus les individus associent leur puissance afin de constituer le souverain, plus l'État relèvera de son droit et plus il pourra s'inscrire dans la durée. C'est la raison pour laquelle, comme nous le verrons avec l'étude du *Traité politique*, la monarchie et l'aristocratie relèvent déjà de la démocratie, au sens où elles en intègrent des mécanismes, en particulier des contre-pouvoirs qui accompagnent le souverain dans ses décisions.

LES ŒUVRES PRINCIPALES

Des sept ouvrages qu'a écrits Spinoza (si l'on ne sépare pas les *Pensées métaphysiques* des *Principes de la philosophie de Descartes*), quatre sont des « Traités » ; la majorité d'entre eux sont restés inachevés (le *TRE*, les *Principes de la philosophie de Descartes*, le *Traité politique* et l'*Abrégé de grammaire hébraïque*), et un seul parut du vivant de Spinoza sous son nom (les *Principes de la philosophie de Descartes*, en 1663). Ce qu'il convient d'emblée de remarquer, c'est la diversité de statut de ces œuvres. Le *Court traité*, qui expose la pensée du jeune Spinoza, a un statut problématique en raison de la présence d'un double manuscrit ; les *Principes de la philosophie de Descartes* exposent la doctrine d'un autre ; le *Traité de la réforme de l'entendement* et le *Traité politique* sont tous deux inachevés, sans doute volontairement pour le premier, et, pour le second, en raison de la mort de l'auteur ; le *Traité théologico-politique*, écrit dans un souci de rallier à la doctrine de la liberté de penser des lecteurs philosophes, notamment les protestants libéraux, mobilise parfois des thèses qui ne seront pas reprises ultérieurement, telle celle de la création divine ; l'*Éthique*, enfin, semble l'œuvre maîtresse achevée, mais elle fut rédigée au cours de deux périodes distinctes et espacées, redéfinie en son plan, de sorte que l'homogénéité de son propos peut parfois interroger.

Mais la pensée de Spinoza, nous l'avons vu, n'en présente pas moins une unité, laquelle, en dépit des projets le plus souvent inaboutis d'écriture ou de publication, permet de définir la place et la fonction de chaque œuvre dans l'économie du système, sans négliger les circonstances de leur rédaction,

LE *TRAITÉ DE LA RÉFORME DE L'ENTENDEMENT*

Ce premier ouvrage, resté inachevé, est probablement composé, selon les dernières recherches, entre 1656 ou 1657 et 1661. C'est là, pour l'auteur, une période de formation durant laquelle, tant à l'Université de Leyde que chez Van den Enden, il est en pleine découverte de Descartes (dont les *Opera Philosophica* avaient été publiées en 1650). Le texte du *Traité de la réforme de l'entendement* semble nettement marqué par les lectures du philosophe français, mais aussi, en plusieurs passages (tels celui sur l'expérience vague ou sur la méthode), de Bacon.

Les premières lignes de l'ouvrage, célèbres, livrent l'inspiration la plus fondamentale du spinozisme. Elles forment une narration, en première personne, d'une expérience qui s'adresse à tout homme, car elle est commune et non autobiographique :

> Quand l'expérience m'eut enseigné que tout ce qui advient couramment dans la vie commune est vain et futile, comme je voyais que tous les objets de mes soins et de mes craintes n'avaient en eux-mêmes rien de bon ni de mauvais, si ce n'est dans la mesure où l'âme en était émue, je résolus finalement de chercher s'il y avait quelque chose qui serait un bien véritable, capable de se communiquer et [...] dont la découverte et l'acquisition me feraient jouir pour l'éternité d'une joie suprême et continue.

Tel est le projet, plutôt classique, de l'ouvrage : s'attacher pleinement à la question des fins dernières de l'homme, après le constat de la futilité des choses et de la relativité des valeurs. Or, ce projet se montre déjà indissociable du thème de la connaissance, comme en témoigne le titre complet de l'ouvrage. Et si ce titre est de résonance très cartésienne, c'est parce que la « voie » capable de diriger l'entendement « vers la connaissance de la vérité », fait du *Traité de la réforme de l'entendement*, à sa manière, un traité de méthode, dont la Lettre 37 (de 1666) offre un résumé précis :

> Je passe à la question que tu formules en ces termes : "Y a-t-il ou peut-il y avoir une méthode telle qu'avec elle, on puisse sans faux pas méditer continuellement et sans s'ennuyer, sur les choses les plus élevées ? ou est-ce qu'au contraire, pareillement à nos corps, nos esprits sont exposés aux accidents, et est-ce par la fortune, plus que par l'art, que sont régies nos pensées ?" Je pense t'apporter satisfaction en montrant qu'il doit nécessairement y avoir une méthode par laquelle nous pouvons diriger et lier entre elles nos perceptions claires et distinctes, et que notre intellect n'est pas, comme le corps, exposé aux accidents.

C'est donc une méthode d'accès au vrai qui est au centre de la recherche, elle-même ordonnée à un dessein éthique. Cet accès a pour condition nécessaire une « réforme de l'entendement », dont il faut par conséquent comprendre la faiblesse ou l'insuffisance première. Cependant, le terme « réforme » peut sembler traduire imparfaitement le latin *emendatio*, qui signifie plutôt « purification ». Et, en effet, la vocation du *Traité de la réforme de l'entendement* est cathartique ; elle se situe sur le registre d'une *medicina mentis* – à la ressemblance des opérations de l'esprit qui, chez Bacon, consistent en une purification, ou encore une purgation de l'entendement à l'égard de ses dispositions vicieuses que sont les « idoles » (*Novum Organum*, Aphorismes 38 à 70).

Le « prologue » du *Traité de la réforme de l'entendement* (§ 1 à 17) reconstitue ou remémore les étapes successives dans la poursuite de la félicité suprême. Rapportant les événements qui ont conduit Spinoza à se tourner vers la philosophie, il traite au fond du thème du passage d'un point de vue non philosophique à un point de vue philosophique. Il s'apparente ainsi à un récit de conversion et s'inspire de la tradition stoïcienne –, en particulier du *De Vita beata* de Sénèque – quoiqu'il soit écrit dans un vocabulaire cartésien, celui, notamment, de la résolution et de la délibération.

Dès l'ouverture du texte, Spinoza explique que la recherche des richesses, des honneurs et des plaisirs, c'est-à-dire de ce que les hommes regardent ordinairement comme le bien suprême, représente, à ses yeux, un péril. Certes, c'est là reprendre un thème moral traditionnellement bien établi, qui passe en particulier par Aristote (*Éthique à Nicomaque*, Livre I), les Stoïciens (par exemple Sénèque, dans les Lettres 59, 76 ou 123 à Lucilius) puis Descartes (à Élisabeth, 4 août 1645). Mais l'explication à laquelle se livre l'auteur du *Traité de la réforme de l'entendement* va suivre tout un processus qui va voir évoluer, en plusieurs phases, sa décision initiale. Commençant par examiner ces trois biens ordinairement poursuivis par le vulgaire (§ 4 et 5), du point de vue de leur puissance, Spinoza conclut qu'ils font obstacle à la nouvelle vie (§ 6). De biens qui semblaient au départ certains, ils se révèlent en vérité périssables et incertains par nature, pour être finalement considérés comme des maux certains (§ 7). Ce que l'analyse met en évidence, ce sont les effets inhibants de ce que les hommes regardent comme le *summum bonum* : richesses, honneurs et plaisir « divertissent tellement l'esprit qu'il ne peut guère penser [*cogitare*] à quelque autre bien » (§ 3). Ce n'est pas ici toute espèce de pensée qui se trouve empêchée, mais une méditation, préoccupée d'évaluation et, plus largement, de son existence heureuse. Ces faux biens sont en outre source de tristesse, de dangers et de souffrances en raison de leur caractère illimité qui suscite la recherche indéfinie (§ 8), dès lors qu'ils sont considérés comme des fins en soi. Quant au vrai bien, il peut certes apparaître incertain, mais seulement du point de vue de la possibilité que nous avons de l'atteindre.

Or, l'itinéraire réflexif qui vient d'être mené se révèle en lui-même être une expérience particulière : celle d'une puissance de penser, capable de détourner un tant soit peu l'esprit des richesses, des honneurs et des plaisirs, pour l'appliquer à « une nouvelle règle de vie » (§ 11) et à la connaissance du bien véritable. Quelle est donc la nature de ce bien ? Il s'énonce en termes d'acquisition d'« une nature humaine plus forte », laquelle consiste, précise Spinoza, dans « la connaissance de l'union qu'a l'esprit avec la Nature tout entière » (§ 14). Quant aux moyens nécessaires à ce but, ils sont ceux qui permettront de porter notre pouvoir de connaître à sa perfection. Il s'agit, autrement dit, de « guérir » et de « purifier » autant que possible l'entendement, « afin qu'il réussisse à avoir des choses la meilleure compréhension possible, exempte d'erreur » (§ 15).

Les § 18 à 29 exposent alors, hiérarchiquement, quatre modes de perception qui conditionnent la méthode (§ 19) – et qui préfigurent les trois genres de connaissance de l'*Éthique*. 1° « La perception tirée du ouï-dire ou de quelque signe qualifié d'arbitraire » (comme celle de la date de ma naissance). C'est là un type de connaissance hétéronome et incertain, qui repose sur la confiance et la mémoire des choses apprises sans avoir été nécessairement comprises. 2° La perception acquise par expérience vague, simplement empirique, donc passive et changeante ; elle ne fait saisir que des caractéristiques des choses sans véritable compréhension – comme savoir que l'eau est propre à éteindre le feu. Ces deux premiers modes de perception – qui, dans l'*Éthique*, composeront le premier genre de connaissance – procèdent soit de ce que nous entendons dire par les autres, soit d'une généralisation illégitime à partir d'une expérience particulière. Ils concernent ainsi nos opinions, ne livrent ni essence ni cause, et sont incapables de rendre compte d'eux-mêmes. 3° La connaissance rationnelle de la cause par son effet, livrant des propriétés. De la cause saisie, cependant, nous n'avons « aucune compréhension en dehors de ce que nous considérons dans l'effet » (§ 19, addition *f*). En d'autres termes, l'essence de la chose n'est appréhendée que de manière indirecte, comme nous déduisons l'union de l'âme et du corps par le seul sentiment que nous avons de notre corps, sans toutefois connaître la nature de cette union. 4° « La perception où la chose est perçue par sa propre essence et par elle seule, ou par la connaissance de sa cause prochaine ». Seul ce mode de perception nous donne par exemple à savoir, à partir de la connaissance de l'essence de l'âme, qu'elle est unie au corps, ou de la connaissance d'une figure, quelles sont ses propriétés. Non seulement je perçois ici la chose par son essence, sans risque d'erreur, mais je sais encore « ce que c'est que connaître quelque chose » (§ 22). C'est donc ce mode de connaissance qu'il faut retenir, puisqu'il s'agit de connaître au mieux notre nature pour la porter à sa perfection, ainsi que notre puissance. Comme le résume Chantal Jaquet :

> Le premier mode ne livre ni l'existence ni l'essence de la chose, le deuxième, l'existence sans l'essence, le troisième, l'existence et l'essence de manière non adéquate. Seul le dernier doit être retenu parce qu'il nous fait connaître l'existence et l'essence de manière adéquate, de sorte que la chose n'est plus représentée, mais présente et se donne à voir à l'entendement qui se sait savoir. (*Spinoza ou la prudence*, p. 43)

Quelle est alors la bonne méthode pour conduire à ce meilleur genre de connaissance ? C'est à cette question que s'attachent les § 30 à 48, qui ont souvent invité à comparer le *Traité* au *Discours de la méthode* cartésien. Mais cette comparaison ne peut qu'aboutir à mettre en évidence un point essentiel de séparation entre les deux penseurs : comme nous l'avons vu plus haut, la méthode d'accès au vrai, pour Spinoza, n'a pas à être découverte *avant* la recherche. Nous ne partons pas de rien : l'entendement, en vertu de sa « propre force native » (§ 31), est capable d'idées vraies, et s'il n'y a pas d'abord une idée, il n'y aura pas de méthode. Celle-ci n'est autre, par conséquent, qu'une *réflexion sur l'idée vraie*, ou l'idée de l'idée (§ 37-38) ; elle n'a pas à être construite avant la connaissance du vrai, mais elle lui est immanente : « ce sera une bonne méthode que celle qui montre comment l'esprit doit être dirigé selon la norme d'une idée vraie que nous avons » (§ 38).

Cette conception particulière de la méthode s'adosse à l'idée d'une vérité conçue comme étant à elle-même son propre critère et celui du faux. Le contenu de l'idée vraie s'impose : qui possède une idée vraie ne peut douter de la vérité de sa connaissance, laquelle n'est pas affaire de correspondance idéale avec quelque objet extérieur, mais tient dans le caractère d'être elle-même adéquate ou complète, ou au contraire mutilée et partielle. Le but de la méthode est donc « d'avoir des idées claires et distinctes, c'est-à-dire telles qu'elles proviennent de l'esprit pur et non de mouvements fortuits du corps », puis de « les enchaîner et de les ordonner d'une façon telle que notre esprit, autant qu'il se peut faire, rapporte objectivement l'être formel de la nature, en sa totalité et dans ses parties » (§ 91).

Mais afin de procéder droitement, il est tout d'abord nécessaire de séparer soigneusement l'idée vraie de toutes les autres perceptions, c'est-à-dire d'élaborer la connaissance de ce qui n'est précisément pas connaissance. Ce sera là la première partie de la méthode (§ 50 à 90), attachée à distinguer l'idée vraie de l'idée fictive (§ 52 à 65), de l'idée fausse (§ 66 à 76) puis de l'idée douteuse (§ 77 à 80). Enfin, « pour ne rien omettre de ce qui peut contribuer à la connaissance de l'entendement et de ses forces » (§ 81), les analyses se complètent de celles de la mémoire (§ 81 à 83) et de la distinction entre l'entendement et l'imagination (§ 84 à 90).

La seconde partie de la méthode (§ 91 à 110), comme son versant maintenant positif, est alors consacrée à ces deux opérations essentielles de l'entendement par lesquelles peuvent se produire et s'enchaîner les idées claires et distinctes : définir (§ 91 à 98) et déduire (§ 99 à 110). Spinoza distingue, d'une part, la définition des choses créées, qui devra « comprendre la cause prochaine » (§ 96) comme, pour un cercle, « une figure décrite par toute ligne dont une extrémité est fixe et l'autre mobile » (§ 96); d'autre part la définition d'une chose qui est elle-même cause et, à ce titre, increéée : dans ce cas, on n'aura besoin

« pour son explication de rien d'autre que de son être propre » (§ 97). Quant à la déduction, Spinoza ordonne la connaissance des êtres en commençant par celle des choses éternelles car incréées (§ 99 à 105). Mais cette connaissance supposant celle de l'entendement, ce sont la propriété et les forces de ce dernier qui deviennent l'objet de la recherche (§ 106 à 110). C'est sur cette recherche que s'interrompt le *Traité de la réforme de l'entendement*.

Cet inachèvement de l'ouvrage a fait l'objet de nombreux débats parmi les commentateurs. La question peut-être la plus importante est de savoir si Spinoza n'a pas pu ou s'il n'a pas voulu terminer (et publier) son *Traité*. Les amis de Spinoza, en le publiant, allégueront le manque de temps, hypothèse que reprendra Gebhardt (*Spinozas Abhandlung über die Verbesserung des Verstandes*, Heidelberg, Carl Winter's Universitätsbuchhandlung, 1905). Mais on avancera encore que Spinoza n'a pas voulu finir le *Traité* parce qu'il a compris, en commençant l'*Éthique*, que la méthode en acte rendait inutile une introduction méthodologique au philosopher (Koyré, traduction du *Traité de la réforme de l'entendement*). Ou bien que la découverte des « notions communes » aurait révélé les insuffisances et l'inadaptation, à leur égard, du *Traité de la réforme de l'entendement* (Deleuze, *Spinoza. Philosophie pratique*). Ou enfin que Spinoza n'avait pas besoin d'aller plus loin (Rousset, traduction du *Traité de la réforme de l'entendement*).

S'il est possible de relever des concordances évidentes entre le *Traité de la réforme de l'entendement* et l'*Éthique* (parmi lesquelles une typologie des connaissances et la distinction entre le vrai et l'adéquat), le premier ne développe par exemple ni le contenu du souverain bien recherché, ni une quelconque théorie des affects. Mais il faut rappeler qu'il s'agit du texte d'un philosophe en formation, qui délimite lui-même sa démarche : « J'avertis cependant que je ne vais pas ici traiter de l'essence de chaque perception et l'expliquer par sa cause première, parce que cela relève de la philosophie ; j'exposerai seulement ce qu'exige la méthode [...] » (§ 51). Le *Traité de la réforme de l'entendement* n'en éclaire pas moins la genèse de la doctrine sur la théorie des rapports entre la connaissance et le souverain bien, sur la nature de la vérité et de l'erreur, ou sur la distinction de l'imagination et de l'entendement, autant de perspectives ouvertes et déjà plus clairement thématisées dans le *Court traité*, alors même que cet ouvrage paraît en plusieurs points moins proche de l'*Éthique* que ne l'est le *Traité de la réforme de l'entendement*.

LE *COURT TRAITÉ, DE DIEU, DE L'HOMME ET DE SON BIEN-ÊTRE*

Le *Court traité* se présente comme un texte assez problématique, en raison, d'abord, des incertitudes historiques dont il fait encore l'objet. Spinoza a vraisemblablement écrit le *Court traité* dans les années 1660-1662, puis l'abandonna par la suite, sans doute pour en refondre le contenu dans la perspective de ce qui deviendra l'*Éthique*. Il semble bien avoir exposé à un cercle d'amis les grandes lignes de son système en cours d'élaboration. Le *Court traité* aurait donc constitué (non sans remaniements) une sorte de manuel à l'usage d'interlocuteurs assidus – comme en témoignerait la conclusion de l'ouvrage. Ces derniers en auraient souhaité une publication en même temps que des éclaircissements, amenant alors l'auteur à compléter son texte et à y ajouter notamment les dialogues et les notes.

Nous ne possédons pas le manuscrit original du *Court traité*, rédigé probablement en latin, mais deux manuscrits en hollandais. L'un, rédigé au XVIIIe siècle par le médecin amstellodamois Johannes Monnikhoff, retrouvé en 1853 par un libraire d'Amsterdam, puis publié en 1862 par Van Vloten, qui l'accompagne d'une traduction latine. L'autre, du XVIIe siècle, trouvé en 1861 en Hollande par le poète Adriaan Bogaers. Ce second manuscrit, dont celui de Monnikhoff est une copie, non sans ajouts ni altérations, aurait été de la main de J. Jelles. Il fut publié à Amsterdam en 1869. La même année, ce qui est considéré comme la première édition critique du *Court traité* est publié dans une traduction allemande par Sigwart, professeur à Tübingen, qui utilise les deux manuscrits. Il faudra attendre 1878 pour que Paul Janet offre la première traduction française du *Court traité*, ce qui n'empêchera pas l'ouvrage d'être longtemps marginalisé.

Dans la forme qui nous a été transmise, le *Court traité* se compose de deux parties, l'une consacrée à Dieu (10 chapitres), l'autre à l'homme et à sa béatitude (26 chapitres). À cette structure générale, Spinoza a ajouté, à différentes étapes de l'ouvrage, plusieurs textes subsidiaires – dont le statut reste incertain : deux brefs dialogues dans la première partie, deux appendices formellement distincts ainsi que de nombreuses notes explicatives. S'il y a là des textes, probablement de dates, en tous les cas de styles et de statuts bien différents, dont l'homogénéité peut être légitimement interrogée, il reste que le *Court traité*, du point de vue de son plan général, se rapproche de l'*Éthique*.

Quant à son vocabulaire, il présente une coloration nettement plus religieuse que les autres œuvres. Il est en effet question, non sans que Spinoza redéfinisse ces termes, de créatures (I, chap. IX, 1 ; II, chap. XXIV, 2), de providence et de prédestination divines (I, chap. V et VI), d'immortalité de l'âme (II, chap. XXIII ; App., 17) ou encore de fils de Dieu (I, chap. IX, 2 ; II, chap. XXII, 4, note). C'est dire que le contenu doctrinal est complexe. Wolfson (*La philosophie de Spinoza. Pour démêler l'implicite d'une argumentation,* 1934) trouve là de très nombreuses traces des philosophies scolastique, juive (notamment Léon l'Hébreu pour le premier dialogue) et arabe. Mais l'influence cartésienne, dans le *Court traité*, est également évidente, en particulier dans le traitement des passions et dans la thèse – présentée non sans réserves – de l'interaction de l'esprit sur le corps (voir par exemple II, chap. XIX, 9 *sq.*).

La première partie de l'ouvrage traite « de Dieu et de ce qui lui appartient », c'est-à-dire ses attributs, ses propriétés et ses modes. Son existence d'emblée prouvée (chap. I), il est décrit comme une seule et unique substance dont seulement deux attributs nous sont connus, la pensée et l'étendue (chap. II). Spinoza suspend alors son argumentation par deux dialogues, l'un relatif au chapitre précédent, l'autre anticipant la théorie de la connaissance et celle des passions, développées en deuxième partie. Les chapitres III à VII traitent, non sans une dimension critique, des propriétés de Dieu : sa causalité (immanente), sa nécessité, sa providence (pour désigner en réalité la tendance de toute chose à se conserver dans son être) et sa prédestination (qui prend ici le sens de la nécessité de l'action divine). Quant aux caractères qui lui sont communément attribués, telles l'éternité, l'infinité et l'immuabilité, il s'agit de modes plutôt que d'attributs, tandis que d'autres caractères, telles l'omniscience et la miséricorde, ne lui appartiennent pas (chap. VII). Spinoza reformule alors la distinction entre Dieu et les modes qu'il produit, en termes – repris de la scolastique – de nature naturante et nature naturée (chap. VIII et IX). Le chapitre X, qui clôt cette première partie, définit le bien et le mal comme des « êtres de raison », de pures relations dépourvues d'existence dans la nature – ce qui sera une constante dans l'œuvre de l'auteur, jusqu'à la réélaboration de ces notions au début de l'*Éthique* IV.

La deuxième partie en vient à l'homme, ou, comme le précise la table des matières, à « un homme parfait pour être capable de s'unir à Dieu ». Dans la suite, ici, du *Traité de la réforme de l'entendement*, Spinoza va essentiellement se consacrer au type de connaissance dont la puissance permettrait à l'homme d'atteindre la perfection, qui consiste dans l'union avec Dieu. L'homme, précise la préface, n'est pas une substance mais un mode fini, produit par Dieu. Spinoza explicite d'emblée les trois types de connaissance que nous avons « de nous-même ou de ces choses qui sont hors de nous » (chap. I et II) : l'opinion, la croyance vraie (ou raison) et la science, ou « compréhension claire et distincte ». Les chapitres III et IV développent ce qu'il en est de la puissance des divers genres de connaissance par rapport aux passions : l'opinion est « sujette à l'erreur » et, quant à ses effets, source des passions (chap. II, 2-3 ; chap. III). Le deuxième est source des bons désirs (chap. IV), et le troisième, de « l'amour véritable et sincère avec tout ce qu'il engendre » (chap. II, 3). Approfondissant l'idée d'amour, le chapitre V la développera comme amour de Dieu. Spinoza traite ensuite plus en détail des passions et de la manière dont la raison peut les gouverner (chap. VI à XIV), des passions analysées, par conséquent, du point de vue de la raison et d'une façon encore fondamentalement marquée par les *Passions de l'âme* de Descartes.

Les chapitres XV à XXI élaborent les aspects spécifiques de la raison, en montrant en particulier ce qu'elle peut : distinguer entre les passions bonnes et les passions mauvaises, entre la vérité et le mensonge, et nous montrer en quoi consiste le bien-être d'un homme parfait. Y parvenons-nous « librement ou par nécessité » (chap. XVI, 1) ? La volonté et sa liberté sont des notions illusoires, qui ne peuvent rendre compte des actions humaines (chap. XVI). Contre le fatalisme, c'est la doctrine de la nécessité qui nous aidera à surmonter les mauvaises passions et à faire progresser le Bien commun (chap. XVIII, 5). Les chapitres XIX à XXI traitent de la connaissance claire et de l'amour de Dieu, c'est-à-dire de la béatitude et du pouvoir de la raison à son égard. Le *Court traité* s'achève comme le fera l'*Éthique*, par la nature et la puissance de l'intellect, d'où procède « la vraie liberté » de l'homme (chap. XXII à XXVI). Spinoza définit cette dernière comme

> (…) une existence ferme que notre entendement acquiert par l'union avec Dieu, pour pouvoir en lui-même produire des idées, et en dehors de lui-même des effets qui s'accordent à sa nature, sans pour autant que ces effets dépendent d'aucune cause extérieure qui puisse l'altérer ou le transformer. (Chap. XXVI, 9)

Le *Court traité* présente deux appendices, dont le rapport avec le texte principal n'est pas toujours très clair. Le premier traite de la substance, des attributs et de Dieu selon l'ordre géométrique (il comprend sept axiomes, quatre propositions et un corollaire). Le second appendice s'attache aux caractères de l'âme en tant qu'idée du corps.

Si l'ouvrage témoigne de l'état de la pensée de Spinoza aux environ de 1660, il convient d'en faire un usage prudent en tant que source du système achevé, avec lequel il présente aussi bien des continuités que des ruptures. Le *Court traité* montre sa proximité avec l'*Éthique* par les thèmes, entre autres, de la nature naturante et naturée, de la perfection, de l'amour de Dieu ou de la négation du libre arbitre. En revanche, nous ne retrouverons pas dans l'*Éthique* les thèses de l'interaction des attributs, de la passivité de l'entendement, des affects qui ne sont que des passions, encore moins de propos sur les diables. Cela dit, si l'on ne peut que s'instruire de la comparaison des deux textes, il convient d'éviter d'apprécier le *Court traité* suivant une lecture seulement rétrospective, c'est-à-dire à la lumière des thèses de l'*Éthique*.

LES PRINCIPES DE LA PHILOSOPHIE DE DESCARTES

Les *Principes de la philosophie de Descartes* sont un fidèle condensé des Parties I et II (et d'un fragment de la Partie III) des *Principes de la philosophie* de Descartes, exposées « *more geometrico demonstratae* », c'est-à-dire selon un ordre synthétique. À cet ouvrage seront annexées les *Pensées métaphysiques*, complément des *Principes* en forme de discussion critique des termes et des thèses scolastiques. Ces deux textes, liés, constituent le seul ouvrage publié du vivant de Spinoza et sous son nom – dont une traduction néerlandaise paraîtra en 1664.

En 1663, alors à Rijnsburg, Spinoza enseigna à un jeune étudiant en théologie, Casearius, les bases de la philosophie de Descartes, parce qu'il ne le jugeait pas suffisamment mûr pour lui enseigner sa propre philosophie (Lettre 9). Il avait adapté, pour ce faire, des extraits des Parties I et II des *Principes*. Ses amis incitèrent Spinoza à publier ce condensé dans une version étendue, en l'enrichissant d'une adaptation géométrique de la première partie des *Principes*, ainsi que le précise Meyer, rédacteur de la préface (§ 6). Il y explique que Spinoza ne présente pas ici ses propres vues, qu'il se fit une religion de ne pas s'écarter d'un pouce de la doctrine cartésienne – en dépit de désaccords sur certaines thèses (§ 9), telles que celles d'une volonté distincte de l'entendement, et de l'âme comme une substance. Et il apparaît en effet difficile de discerner ici la propre pensée d'un Spinoza attaché – également dans les *Pensées métaphysiques* – à épouser la perspective cartésienne. Le penseur hollandais suit donc de près les arguments du français, bien qu'il change librement l'ordre d'exposition et que, reprenant aussi à l'abrégé géométrique de la fin des *Réponses aux Deuxièmes Objections*, il ne se limite pas aux seuls *Principes* cartésiens.

La première partie des *Principes de la philosophie de Descartes* commence par une introduction portant sur le doute radical, puis sur la découverte d'un fondement solide dans le *cogito*. Viennent ensuite une dizaine de définitions et trois axiomes, très fidèles au texte cartésien. Les propositions 1 à 4 déduisent la nature de l'esprit à partir du *cogito*, pour en venir à la distinction de l'esprit et du corps (prop. 8). Par une reconstruction minutieuse de l'argumentation cartésienne, Spinoza déroule la déduction de l'existence de Dieu à partir de l'idée que l'esprit se fait de lui (prop. 5 à 7 avec scolie, lemmes et corollaires), puis il en expose les perfections (prop. 9 à 13 et 16 à 20) : Dieu crée et conserve toutes choses ; il est suprêmement connaissant et véridique ; il est unique, incorporel, immuable, constant et éternel. Entre-temps, Spinoza élucide la théorie de la vérité et de l'erreur de Descartes : ce que nous percevons clairement et distinctement est vrai car Dieu n'est pas trompeur (prop. 14), et la source de l'erreur tient d'un mauvais usage de la volonté, qui acquiesce à des perceptions qui ne sont ni claires ni distinctes. La dernière proposition (21), transition vers la deuxième partie, présente la preuve cartésienne de la réalité de la matière ou, comme dit Spinoza, de la « substance étendue », à une partie de laquelle je suis étroitement lié par mon corps.

La deuxième partie de ces *Principes* offre un aperçu des fondements de la physique cartésienne, en commençant (prop. 1 à 6) par la nature et les propriétés de la matière (ou du corps), qui « consiste dans la seule étendue » (prop. 2) et est donc divisible. Spinoza aborde par la suite la nature et les lois du mouvement (prop. 7 à 23), ce qui comprend la formulation cartésienne du principe d'inertie (prop. 14) et de la conservation de la quantité de mouvement et de repos que Dieu a initialement communiquée à la matière (prop. 12 et 13). Sur la base de ces lois sont présentées celles du choc (prop. 24 à 31) suivies de celles du comportement des fluides et du mouvement des corps divisés en particules (prop. 32 à 37).

Quant à la troisième partie des *Principes de la philosophie de Descartes*, fragmentaire (alors que Spinoza, même l'ouvrage publié, n'en manifeste nulle part aucune gêne), elle ne comporte que quelques éléments préliminaires et deux propositions. Il y est question des formes successives que prend la matière, de ses interactions mécaniques, telles que la matière céleste s'organise en tourbillons et donne par-là naissance à tous les corps célestes.

À en lire leur sous-titre, les *Pensées métaphysiques* traitent des problèmes des deux parties de la métaphysique : générale (sur l'être et ses affections) et spéciale (sur Dieu, ses attributs et sur l'esprit humain). Mais le texte a un statut mal défini, et son lien avec les *Principes de la philosophie de Descartes* n'est pas des plus clairs. En outre, d'apparence mineure, souvent passé sous silence, il paraît inclassable en ce qu'il n'est, comme l'écrit Chantal

Jaquet, « ni scolastique ni cartésien ni spinoziste » (*Les* Pensées Métaphysiques *de Spinoza*, p. 11).

La première partie traite donc de l'être : êtres réels et « forgés » ou fictifs, êtres de raison (*entia rationis*) et modes de pensée. L'idée, cruciale chez Spinoza, selon laquelle l'être doit être divisé non en substance et en accidents, mais en substance (qui existe nécessairement) et en modes (dont l'essence n'implique pas l'existence), est appliquée à Dieu (chap. II). Le reste de la première partie est consacré aux « affections de l'être » (nécessité, contingence, possibilité et impossibilité, dans le chap. III), puis à la durée et au temps (chap. IV), enfin aux modes de pensée tels que l'ordre, la diversité et la concordance, qui ne sont que par comparaison (chap. V). Le dernier chapitre est une critique des termes dits transcendantaux : l'un, le vrai et le bien, le second n'étant rien d'autre qu'une idée vraie, et le troisième, avec le mal, une notion toute relative, dépourvue de signification en soi. Le chapitre VI aborde le *conatus*, « tendance en vertu de laquelle [les choses] tendent à persévérer dans leur état ». Spinoza l'avait d'emblée annoncé (en note au titre de cette partie) : la métaphysique générale se réduit à « exercer et à fortifier la mémoire », non l'entendement. Elle n'aurait donc plus pour objet que de simples modes du connaître.

De la métaphysique spéciale, objet de la seconde partie, Spinoza supprime la spéculation sur les anges et l'étude des formes substantielles, comptées au rang d'inepties (chap. I). Il est ici principalement question des « attributs » de Dieu : éternité, unicité, immensité, immuabilité, simplicité et, du point de vue de son action, de sa « vie », son entendement, sa volonté et sa puissance, qui mènent aux chapitres consacrés à la création (expression de la puissance divine) et au « concours de Dieu ». Le chapitre XII, qui clôt l'ouvrage, est consacré à l'esprit humain, plus particulièrement aux questions de son immortalité et de la liberté de la volonté.

Les *Principes de la philosophie de Descartes* apparaissent ainsi comme un manuel qui dresse un certain bilan du cartésianisme, dont on sait que Spinoza s'est considérablement nourri. Néanmoins, sans doute ici autant philosophe qu'historien de la philosophie, le penseur hollandais laisse passer des idées propres. En témoignent l'attaque portée sur la deuxième preuve cartésienne de Dieu, « par les effets » (prop. VII, sc.), l'affirmation de la perfection de notre nature et la remise en cause de la toute-puissance de la volonté divine (prop. XV, sc.). Peut-être la perspective de ce texte est-elle moins, dès lors, de diffuser la philosophie d'un autre pour lui-même, que de promouvoir l'idée qu'une autre philosophie que celle de Descartes est possible, voire souhaitable. En outre, le travail qu'effectue Spinoza à travers le vocabulaire des scolastiques (Suarez, Burgersdijk, Heereboord) se présente, dans les *Pensées métaphysiques*, comme un travail de démarcation qui n'est pas sans annoncer sa propre philosophie. Cette ambition est d'ailleurs clairement présente dans la Lettre 13 à Oldendurg. Spinoza y fait part de la raison pour laquelle il permet la publication des *Principes de la philosophie de Descartes* :

> […] il se trouvera peut-être certaines personnes, parmi les hommes les mieux placés de mon pays, qui voudront lire d'autres écrits où je soutiens mes propres thèses. En conséquence, ils pourraient s'assurer que je puisse les rendre publics, sans risquer d'avoir des ennuis.

C'est d'ailleurs aux *Principes de la philosophie de Descartes* que Spinoza dut sa réputation initiale en Hollande et à l'étranger.

Le *Traité théologico-politique*

Dessein et démarche de l'ouvrage

Pourquoi interrompre la rédaction de l'*Éthique*, en 1665, pour composer le *Traité théologico-politique*? Pourquoi prendre la peine de défendre la liberté de conscience dans un pays qui passe pour le plus tolérant d'Europe? P.-F. Moreau et J. Lagrée, les traducteurs de l'édition ici utilisée, éclairent historiquement cette question dans leur introduction (p. 4) :

> D'abord parce que cette tolérance n'est pas totale : des amis et éditeurs de Spinoza en font l'expérience ; ensuite parce que si l'État est tolérant, l'Eglise ne l'est pas ; enfin parce que cette tolérance est menacée – comme la forme même de l'État qui la défend. Les calvinistes les plus stricts sont alliés aux orangistes, pour mettre en danger le régime des régents.

Dans la Lettre 30 d'octobre 1665, Spinoza lui-même motive et articule le projet sur l'Écriture et celui sur la liberté de pensée et de parole. C'est là la toute première référence au *Traité théologico-politique* :

> Je compose actuellement un traité de mon cru à propos du sens de l'Écriture, et voici ce qui me pousse à le faire : 1. Les préjugés des théologiens. Je sais en effet que ce sont surtout ces préjugés qui empêchent les hommes de pouvoir consacrer leur esprit à la philosophie. Donc je travaille à les mettre en évidence et à en préserver l'esprit des plus avertis. 2. L'opinion qu'a de moi l'homme du

> commun, qui ne cesse de m'accuser d'athéisme – autre malheur que je suis contraint de détourner, autant que faire se peut. 3. La liberté de philosopher et de dire son sentiment, que je désire réclamer par tous les moyens, et qui aujourd'hui est en quelque sorte supprimée par le trop d'autorité et le trop de virulence des prédicants.

Le *Traité théologico-politique* se présente donc comme une défense de la liberté de penser et d'expression que les autorités religieuses mettent à mal en voulant imposer leurs propres vues, réputées d'origine divine. Le sous-titre de l'ouvrage indique le projet, que la préface (§ 8) vient justifier : montrer que la liberté d'exercer son jugement ne nuit ni à la piété ni à la paix de l'État, et que la supprimer serait même supprimer cette piété et cette paix.

Le souci proprement politique, dans ce *Traité*, n'est donc pas premier, sinon au regard des menaces que les pouvoirs religieux et politique font peser sur la liberté de penser. Aussi Spinoza entreprend-il de mettre en question ces deux types de pouvoir, afin de déterminer leur champ d'action légitime et, ce faisant, de répondre à la double objection constamment opposée à la revendication de la liberté de penser : elle pourrait conduire à l'impiété comme à la subversion, et nuire ainsi au respect de l'Église comme à la souveraineté politique. De là deux enquêtes successives, mais non indépendantes, qui constituent le double aspect du *Traité théologico-politique* : d'une part, *une critique de la théologie* en tant qu'elle prétend exercer une autorité intellectuelle en dehors de son domaine ; d'autre part, *une théorie du pouvoir politique et de son fondement*.

La préface de l'ouvrage en vient rapidement au problème à partir du nœud que forment une donnée anthropologique (la crainte), une conséquence psychosociale (la superstition, forme pervertie de religion) et une stratégie politique (la manipulation). Inquiets de l'avenir et ballottés entre la crainte et l'espoir, les hommes se jettent ordinairement dans la superstition. Or, comme le remarque Quinte-Curce, il n'est rien de plus efficace pour gouverner la multitude, que l'on « pousse très facilement, sous couleur de religion, tantôt à adorer ses rois comme des dieux, tantôt à les exécrer et à les haïr comme le fléau commun du genre humain » (§ 5). Mais on ne peut rien imaginer de plus funeste dans une libre république que de tromper ainsi les hommes, « car il est tout à fait contraire à la liberté commune que le libre jugement de chacun soit subjugué par des préjugés, ou contraint de quelque façon » (§ 7).

Telles sont donc les circonstances qui ont poussé Spinoza à écrire son *Traité* : la perversion qu'a connue la religion, dégénérant en soumission à l'égard d'absurdes mystères, et la réduction de la foi en simple crédulité, obstacle au libre usage du jugement. Il faut alors repartir du début, c'est-à-dire examiner de près ce que dit réellement cette Écriture sacrée dont se réclament les pouvoirs. Qu'énonce-t-elle et que vise-t-elle ? Ne mène-t-elle qu'à cette forme de croyance superstitieuse, tout à la fois signe et instrument de servitude ?

La liberté de philosopher nuit-elle à la piété ? Lire et interpréter l'Écriture sainte

Les chapitres I à XV du *Traité théologico-politique* commencent par présenter, avant de les appliquer, les principes d'une lecture critique et historique de l'Écriture biblique sur laquelle repose la théologie. S'efforcer en effet de cerner la véritable doctrine de la Bible et des faits qu'elle expose requiert d'en traiter *philosophiquement*, c'est-à-dire en savant, exactement comme on le fait pour un objet naturel, dont on cherche les causes ou les propriétés.

Les chapitres I à VI traitent de ce que l'on pourrait appeler les « instruments » de la révélation, en particulier les prophéties et les miracles. Ces chapitres procèdent à une série de remises en question de préjugés rattachés à la religion. Spinoza n'y analyse donc pas encore l'Écriture pour elle-même, mais pour ce qu'elle nous apprend de ces différents moyens par lesquels Dieu se communique aux hommes, à commencer par la *prophétie*.

Celle-ci, écrit l'auteur du *Traité théologico-politique*, « est la connaissance certaine d'une chose révélée par Dieu aux hommes » (I, 1), et le *prophète*, celui qui interprète cette révélation « pour ceux qui sont incapables d'en avoir une connaissance certaine et qui, de ce fait, ne peuvent l'embrasser que par la simple foi » (I, 1). On a donc ici affaire à un certain type de discours, qui affirme (des vérités) et enjoint, mais ne démontre pas, car c'est Dieu qui parle à travers le prophète. Or, remettant en cause la réalité d'une connaissance surnaturelle, Spinoza montre que les prophètes n'ont perçu de révélation de Dieu non par l'entendement, mais par l'imagination, au moyen de paroles, de figures ou d'images. La prophétie, autrement dit, procède de la connaissance du premier genre, et il est inutile de chercher, auprès des prophètes, ces hommes doués d'une puissance d'imaginer particulièrement vive, une connaissance des réalités naturelles et spirituelles (II, 19). L'enseignement des prophètes ne s'étend pas au-delà de questions morales relativement simples : il est essentiellement pratique (l'exigence de justice et de charité) et non spéculatif. Toute *loi divine* (chap. IV) se résume en effet dans cet unique précepte : aimer Dieu comme un bien souverain, et non par crainte d'un supplice ou d'un châtiment. La remise en question de la conception traditionnelle de la loi divine et de la représentation d'un Dieu comme d'un prince et d'un législateur, juste et miséricordieux, se complète de celle des *cérémonies du culte* : elles sont utiles non à la béatitude et à la vertu (V, 1), mais seulement, comme le montre clairement le *Pentateuque*, à la conservation de l'État. Quant aux *miracles* (chap. VI), ils sont la preuve on ne peut plus claire, aux yeux du vulgaire, de l'existence de Dieu, en son pouvoir de déroger à l'ordre de la nature. Mais, montre Spinoza, puisque Dieu s'identifie à la nature et que ce qu'il veut enveloppe une nécessité éternelle, rien n'arrive contre la nature. Les miracles ne peuvent faire connaître ni l'essence ni l'existence de Dieu, et les récits qu'on en donne doivent être attribués, d'une part à la méconnaissance des causes naturelles, d'autre part à la séparation, établie par les Juifs et les Chrétiens, de la Nature et de Dieu – alors conçu comme transcendant et créateur. En somme, le propos de l'Écriture sacrée se ramène à un message d'ordre moral et social, dont la visée n'est pas d'instruire, mais de susciter l'obéissance.

Avec les chapitres VII à XI, l'Écriture elle-même passe au premier plan. Le *Traité théologico-politique* constitue, à n'en pas douter, le premier essai en forme d'histoire critique des Livres de l'Ancien Testament. Spinoza entend rompre avec la méthode d'interprétation que défendit Maïmonide, pour lequel les enseignements de l'Écriture et de la Raison, de même origine divine, doivent nécessairement concorder en vertu du principe de l'unité du vrai. En conséquence, si la lettre du texte sacré vient s'opposer à la vérité philosophique, il faut poser que, au-delà de leur sens littéral, les récits bibliques ont un sens interne et ésotérique. On doit alors s'employer à le déchiffrer chaque fois que Dieu a préféré parler aux hommes par allégories et par énigmes. Pour Spinoza, une telle méthode d'exégèse, « nocive, inutile et absurde » (VII, 21), en arrive à torturer l'Écriture, de façon à l'adapter aux opinions des Aristotéliciens ou même à celles de Maïmonide. Elle prétend en outre tirer de l'Écriture des vérités, alors qu'elle ne démontre rien.

S'inscrivant dans le thème traditionnel du rapport entre le Livre de la Nature et celui de l'Écriture, Spinoza forge sa propre méthode d'interprétation. Son principe général – conforme à l'injonction, chez les Réformés, de la *Scriptura sola* – consiste en ce que « toute la connaissance de l'Écriture ne doit être tirée que d'elle seule » (VII, 4). Trois axes méthodologiques se dessinent. En premier lieu, il s'agit d'affirmer le principe de l'usage légitime de la lumière naturelle, principe d'une liberté de lecture, contre une confiscation du sens des textes au nom de quelque lumière surnaturelle (VII, 22). En deuxième lieu, de même que l'on étudie les phénomènes de la nature dans leur causalité propre, il s'agit de tirer de l'Écriture elle-même tout son sens, c'est-à-dire « de n'en rien admettre comme constituant sa doctrine qui ne soit clairement énoncé par elle » (préf., 10). Dernier axe méthodologique – qui n'est pas sans emprunter à ce que Bacon appelait « la chasse de Pan » ou « l'expérience guidée » (*De Dignitate*, V, 2) : ce que l'observation et l'expérimentation sont à l'égard de l'interprétation de la nature, la méthode historique (c'est-à-dire une méthode d'enquête) et philologique le sera à l'égard de l'interprétation de l'Écriture. Tels sont les fondements d'une exégèse scientifique du livre sacré, soucieuse de déterminer si l'Écriture elle-même nous est parvenue sans falsification, et si elle ne se compose pas de livres différents, rédigés par des auteurs, à des époques et pour des lecteurs différents. Car, entre les divers passages de la Bible, il y a de manifestes contradictions.

Spinoza invente donc la *critique historique*. Quel enseignement attribuer à l'Écriture ? Rien que nous n'ayons « très clairement reconnu à partir de son histoire » (VII, 5). Ainsi, une *critique externe* s'efforcera, comme pour l'étude d'un phénomène naturel, de rapporter un énoncé à son propre environnement : à la vie et aux mœurs de l'auteur de chaque livre, au but qu'il se proposait, aux destinataires et aux dates de rédaction des textes (qui étaient par exemple Moïse et le Christ ? Dans quel contexte géographique et historique vivaient-ils ?). Cette critique externe se complète d'une *critique interne* visant la compréhension : les textes bibliques sont-ils cohérents ou contradictoires ? Que signifient-ils et que visent-ils ? Moïse, par exemple, nous dit que Dieu est « un feu dévorant », tout en enseignant qu'Il est invisible ; il faut donc se demander si l'expression a un sens métaphorique ; or le mot « feu » peut aussi désigner la colère ; Moïse veut donc dire que Dieu est jaloux et qu'il lui arrive de s'irriter comme s'il s'enflammait. Spinoza conclut : « Les affirmations de Moïse : *Dieu est un feu ; Dieu est jaloux* sont extrêmement claires si nous n'avons égard qu'à la signification des mots [...], même si, du point de vue de la vérité et de la raison, elles sont tout à fait obscures [...] » (VII, 5). Interpréter l'Écriture, texte au statut symbolique, c'est donc en dégager le *sens* (fût-il contraire à la raison), qu'il convient de soigneusement distinguer de la *vérité* ; c'est « [...] ne pas confondre le sens vrai avec la vérité de la chose » (VII, 5). Cette confusion fut celle de Maïmonide. Enfin, usant d'une méthode de comparaison, Spinoza montre que nombre de textes ont été largement altérés, sont inachevés, ou qu'ils n'ont pas pour rédacteurs ceux que la tradition leur attribue (Moïse ne peut ainsi être considéré comme l'auteur du *Pentateuque*).

Critiques externe et interne exigent des connaissances linguistiques, philologiques, historiques, ainsi qu'un travail proprement conceptuel permettant de dégager les contenus de la foi (à savoir ce que sont un prophète, un miracle, une révélation, etc.). Certes, cette méthode a des limites, que reconnaît Spinoza, telles que l'impossibilité, pour son époque, d'une connaissance parfaite de la langue hébraïque, ou le défaut d'éléments historiques (VII, 11-15). Mais l'important reste que dans l'interprétation de l'Écriture, la raison conserve toute son autorité.

Les chapitres XII à XV peuvent être considérés à la fois comme un point d'aboutissement et une transition avec le problème politique, noyau de la seconde partie du *Traité*. Une fois établi le caractère hétérogène et altéré des textes qui constituent l'Écriture sainte, que peut-on dire, finalement, de ce qu'elle transmet ? À travers elle demeure, comme son noyau inaltérable, la parole de Dieu, qui est un message de charité et de justice. Un texte n'est divin que dans la mesure où il inspire les hommes à obéir à Dieu, c'est-à-dire à vivre pieusement. L'Écriture, comme l'exprime le titre du chapitre XIII, n'enseigne donc « que des choses très simples et ne vise que l'obéissance [...] ». Aussi y a-t-il lieu de distinguer, sous la plume de Spinoza, entre la théologie, connaissance du message biblique, et les théologiens, qui brouillent ce message et dégradent la religion en superstition. Ces « choses très simples », qui forment l'essence de la piété et de la « vraie » religion, définissent une foi universelle, qui tient en sept dogmes, énoncés dans le chapitre XIV. Sur ce point, il est possible à la théologie et à la philosophie de s'accorder (XV, 6) et de conjoindre, en matière politique, leurs effets positifs.

Finalement, la critique de l'Écriture sainte en établit deux déterminations majeures : quant à son statut, elle ne saurait nullement constituer un savoir dogmatique sur les choses qui relèvent de la seule raison ; quant à sa finalité, elle ne vise que l'obéissance à travers la mise en pratique des règles de justice et de charité. Où l'on retrouve alors le projet central de l'ouvrage : la parole de Dieu, telle que l'exprime la Bible, peut se concilier avec un régime d'entière liberté d'opinion. Se révélant en effet fondamentalement distinctes, en leur but, en leur fondement et en leur principe respectifs (XIV, 13), théologie et philosophie n'ont pas plus de raison d'être en conflit que de se voir présentées chacune comme la servante de l'autre, ce que développe le chapitre XV. C'est là un des traits saillants de tous les philosophes « nouveaux » du XVIIe siècle : instaurer ou restaurer, dans le cadre d'une émancipation de son statut ancillaire médiéval, l'autonomie de la philosophie, et donc le libre exercice de la raison, ordonnée à la vérité. Cette revendication s'adosse au refus qu'une vérité révélée, extérieure au sujet, puisse être au fondement de la recherche philosophique. L'intention de Spinoza est ici bien visible : laisser à la philosophie un champ plus libre et établir que nul, par l'Écriture, n'a de légitimité à intervenir dans les affaires de l'État.

Il est en conséquence démontré, par cette séparation, que la liberté de philosopher ne peut nuire à la piété véritable, puisqu'elle ne contredit nullement ses exigences. « Séparer » ne signifie donc pas seulement différencier ou écarter, mais également, ce faisant, tracer des lignes de démarcation, établir des frontières et des territoires. En redéfinissant strictement des domaines légitimes de compétences et d'autorité, Spinoza non seulement met en évidence des usurpations en matière d'exercice de cette autorité, mais il fonde à nouveaux frais l'ordre d'une coexistence, apte à lever toute dimension de menace. Tout se passe comme s'il entendait libérer la foi elle-même d'une théologie non seulement ignorante de ses frontières propres, mais qui s'est encore rendue étrangère à cette *vera religio* qui porte le sens non corrompu de la parole de Dieu. À cet égard, Spinoza rejoint le projet de son ami L. Meyer, consistant – à l'image revendiquée de la science cartésienne – à refonder la théologie (*La philosophie interprète de l'Écriture sainte*, IV, 3), à mettre un terme aux causes d'une dégénérescence de la foi en préjugés, par l'élaboration d'une règle correcte d'interprétation de l'Écriture.

La liberté de philosopher nuit-elle à la paix et à la sécurité de l'État ?

Une fois posée la liberté de philosopher face à la foi, Spinoza s'attache donc à montrer non seulement qu'une telle liberté n'est pas dommageable, mais qu'elle est même nécessaire à la paix de la république. Encore faut-il déterminer ce qu'est l'État, son fondement et, sans qu'y contredise le droit naturel des individus, les conditions de sa stabilité. Tels sont les objets des chapitres XVI à XX.

Le chapitre XVI montre qu'il est de l'intérêt des hommes de vivre selon la raison, en sécurité et sans crainte, dans des conditions matérielles les meilleures possibles. Mais nous l'avons vu, personne, en vertu du *conatus*, n'abandonnerait son droit naturel sinon par crainte d'un plus grand mal ou par espoir d'un plus grand bien. Aussi, si un pacte ne peut « avoir de force qu'eu égard à son utilité » (XVI, 7), seuls le besoin d'entraide et la recherche de l'utilité et de la sécurité peuvent amener chacun à s'associer et à renoncer à agir suivant son seul décret. Le recours au pacte social, par le processus de transfert de la puissance de chacun à la société, permet d'expliquer l'origine de la souveraineté et de fonder, sur une telle origine, le caractère absolu de l'État. L'instauration de la souveraineté est telle qu'elle est compatible avec le respect du droit naturel, dont nul ne peut être absolument privé. Dans un régime démocratique, en effet, chacun transfère son droit naturel à la majorité de la société, en laquelle il trouve son intérêt, et pour laquelle il est appelé à délibérer (XVI, 11). Aussi ce régime, dont la fin est la sécurité et dans lequel l'individu dispose de cette liberté naturelle d'avoir les opinions qu'il veut, est-il le mieux fondé en raison.

L'État, par définition, est donc souverain : il est la source de toute loi, n'est soumis à aucune, et tous sans exception sont tenus « d'exécuter absolument tous [ses] commandements » (XVI, 8). Toutefois, Spinoza, en raison du caractère inaliénable de la nature humaine, tempère son propos dans les premières lignes du chapitre XVII. Renoncer à *tous* ses droits serait en effet renoncer à son essence – qui exprime, pour Spinoza, la puissance même de Dieu, c'est-à-dire de la nature (nous renvoyons ici aux pages 121-122 précisant ce qui, selon Spinoza, le distingue de Hobbes).

Sur les conditions de la conservation et de la sécurité dans l'État, l'analyse, dans les chapitres XVII à XIX, de l'État des Hébreux (son institution, son administration, les avantages de sa constitution ainsi que les causes de sa destruction), permet de tirer de précieuses leçons. Il ressort en effet de cet examen, au chapitre XIX, que le droit de régler les choses sacrées appartient entièrement au Souverain : la religion n'acquiert force de droit que par le décret des gouvernants et, sous son aspect extérieur, doit se régler sur la paix de l'État, sous peine de le diviser. La thèse de Spinoza relative aux rapports des Églises et de l'État est donc simple : l'État doit refuser toute autonomie aux instances susceptibles de revendiquer une forme de légitimité à l'écart de la sienne, donc contre la sienne.

Il n'est assurément pas interdit, même en l'absence du terme, de parler ici de laïcité. Encore faut-il en préciser le sens, qui n'est pas celui d'une séparation des Églises et de l'État, mais d'une forme de *contrôle* de celui-ci sur celles-là. Les choses sont claires : « Le culte de la religion et l'exercice de la piété doivent concorder avec la paix et l'intérêt de la République, [...] ils doivent par conséquent être déterminés par le seul Souverain » (XIX, 2). S'il y a autonomie des domaines religieux et politique, elle ne signifie donc pas l'idée d'un même exercice effectif de puissance ; nulle loi religieuse ne saurait être invoquée à titre de contestation de la loi que les hommes se sont donnée. Refusant à l'Église le droit d'exister comme « un État dans l'État » (XVII, 29), Spinoza souligne clairement le danger qu'il y aurait « pour la religion et pour la république, d'accorder aux ministres du culte quelque droit que ce soit de prendre des décrets ou de traiter les affaires de l'État » (XVIII, 6). On se souviendra que le chapitre 42 du *Léviathan* de Hobbes est dirigé contre le cardinal Bellarmin, qui revendiquait de tels droits pour l'Église. S'il raisonne, sur ce point, à la manière de Hobbes, pour qui le Souverain est aussi le dirigeant de l'Église, Spinoza soutient toutefois que l'État, dans son souci de laisser la plus grande liberté aux citoyens, doit se garder de défendre des points de dogmes particuliers, c'est-à-dire une quelconque « religion officielle ». Contrôler et arbitrer pour éviter les querelles, tel est son rôle. On se souviendra que les tensions très vives que la Hollande, sur ces questions, connaît pendant plus d'un siècle, montrent assez combien la religion peut mettre en péril l'ordre civil.

Comment, finalement, concilier cette faculté de raisonner et de juger librement, avec la paix de l'État et l'autorité du souverain ? Autant la liberté d'expression n'est pas licence de tout dire et peut nuire à la stabilité de l'État, autant vouloir la contrôler avec excès rend ce dernier violent et le met en danger, en transformant les conflits d'idées en conflits politiques. Sur ce point, on l'a vu, Spinoza dessine encore des limites et donc des espaces : entre *juger* et *agir* (nous pouvons être en désaccord avec le souverain mais devons continuer à lui obéir), mais également au sein des *paroles*, dont il faut seulement contrôler le caractère séditieux à l'encontre du droit du souverain, lorsqu'elles sont portées par ces affects destructeurs que sont la ruse, la colère et la haine (XX, 7 ; voir *E* III, 40, sc. ; déf. 36 des affects). Si la fin dernière de l'État démocratique, tel qu'il a été défini, consiste « à libérer chacun de la crainte pour qu'il vive en sécurité autant que faire se peut » (XX, 6), un tel État concédera aux individus une liberté maximale de penser et d'exprimer ses opinions, ce qui présentera bien plus de bienfaits que d'inconvénients, et bien moins d'inconvénients que de prohiber sans mesure ces libertés.

Il reste toutefois à préciser le sens de la liberté *de philosopher*. Spinoza est l'un des rares, parmi ses prédécesseurs et contemporains, à thématiser expressément une telle liberté. Ni Bacon, ni Descartes ni Hobbes (pour reprendre les interlocuteurs principaux du Hollandais) ne s'attachent à la défendre, *a fortiori* dans un cadre politique. Que faut-il donc entendre, au juste, par une telle liberté ? Car l'expression se voit mêlée, au niveau du texte, à une « liberté de juger [*judicii*] » (XX, 9, 10, 14 et 15), de « penser [*sentiendi*] » (XIV, 2 et XVI, 1), elles-mêmes parfois associées (XX, 4), et n'apparaît plus qu'une seule fois dans l'ultime chapitre du *Traité théologico-politique* (9).

Il semble clair, tout d'abord, que « philosopher » revêt un sens large, qui l'étend aux activités de juger (droitement ou non), d'avoir les opinions qu'on veut – en matière de lois politiques ou de dogmes religieux (croire ou non en un au-delà de la mort, à une transcendance, etc.). Spinoza ne se préoccupe manifestement pas de distinctions, glissant par exemple de la *libertas philosophandi* à la *libertas sentiendi* (XVI, 1) ou à la *libertas judicii* (XX, 9 et 10). Comprendrait-on en effet que la liberté défendue soit réduite à celle des seuls philosophes éclairés, excluant celle de tout un chacun d'avoir ses opinions suivant sa propre complexion ? La paix de l'État, écrit d'ailleurs Spinoza, se voit d'autant mieux assurée qu'on accorde « à chacun d'avoir l'opinion qu'il veut et de dire son opinion » (préf., 14) et, en général, « aux hommes [...] de dire ce qu'ils pensent » (XX, 16). Mais comment comprendre alors la mention expresse de la *libertas philosophandi* dans le sous-titre même de l'ouvrage – sous la plume d'un penseur que l'on sait fort scrupuleux en matière de terminologie ? On ne peut en outre méconnaître le fait que le *Traité théologico-politique* entende tout à la fois légitimer l'usage de la raison dans son application au texte biblique (liberté d'interprétation), affirmer l'autonomie d'un tel usage par rapport à la théologie (liberté de pratiquer la science hors de toute pression religieuse), le promouvoir enfin dans sa fonction critique à l'égard de l'État (liberté de s'exprimer sur les lois). Sous ces aspects, la liberté de pratiquer la science et la philosophie ne peut être seulement celle d'opiner. Avançons qu'en réalité, la liberté de philosopher peut bien coexister avec celle de tout un chacun, autorisé à juger, à opiner et à dire son sentiment comme il l'entend. La variation du vocabulaire ne fait que signaler la prise en compte de la diversité des esprits et, selon leur complexion et leur puissance, leurs façons de penser, argumentées ou spontanées, rationnelles ou passionnelles.

Le *Traité théologico-politique* est le seul ouvrage majeur de Spinoza publié de son vivant. Il le fut anonymement à Amsterdam, en 1670, sous un faux nom de lieu d'impression et d'éditeur (il s'agissait de Jan Rieuwertsz, qui sera plus tard l'éditeur des *Opera Posthuma*). Mais l'anonymat fut très rapidement démasqué, et de violentes polémiques s'engagèrent, tant de la part de théologiens calvinistes (Christian Kortholt, Jacob Thomasius) que de cartésiens modérés. L'ouvrage fut déclaré impie, et Spinoza dénoncé avec violence comme hérétique et athée. Peu de livres suscitèrent autant de réfutations, d'insultes et de malédictions (un libelle de 1672, par exemple, évoqua « un ouvrage fabriqué en enfer par le juif renégat en collaboration avec le diable »). En juillet 1674, les Cours de Hollande condamnent le *Traité théologico-politique* en même temps que *La philosophie interprète de l'Écriture sainte* de Meyer, et le *Léviathan* de Hobbes. En raison même de ces attaques, le *Traité* eut rapidement un retentissement considérable en Europe. Des traductions française (1678), anglaise (1689) puis néerlandaise (1693 et 1694), renforcèrent la diffusion du livre, qu'il est permis, à plus d'un titre, de qualifier de révolutionnaire.

En effet, outre une méthode rationnelle inédite d'analyse des textes sacrés, telle que Spinoza peut être considéré comme le fondateur de l'exégèse moderne (même s'il eut des précurseurs en la matière comme Hobbes lui-même), c'est une série d'idées et de dogmes reçus, en matière de religion, qui sont remis en cause : la nature de la prophétie, la réalité de la connaissance surnaturelle, les conceptions traditionnelles du miracle et de la loi divine, l'importance sotériologique des cérémonies religieuses. Les enjeux sont encore politiques : comme Hobbes, mais par des voies bien différentes, Spinoza entend soumettre les autorités religieuses aux autorités civiles, afin de permettre la fondation d'un État de type démocratique assurant la liberté publique des hommes ; il peut être, en cela, considéré comme l'un des précurseurs majeurs de la laïcité. Sans doute est-ce pour toutes ces raisons que l'auteur du *Traité théologico-politique* entend explicitement s'adresser à des lecteurs philosophes (préf., 15).

*L'*Abrégé de grammaire hébraïque

Le *Traité théologico-politique*, dans sa lecture de l'Écriture sainte, atteste la connaissance de Spinoza en matière de langue hébraïque – par laquelle il a hérité de la tradition juive –, ce que manifeste par ailleurs le *Compendium grammatices linguae hebraeae*. Inachevé, l'ouvrage fut publié à la toute fin des *Opera Posthuma*. Les éditeurs des *OP* mentionnent que Spinoza a composé cet abrégé « à la demande de certains de ses amis qui étudiaient la langue sacrée », et qui donc connaissaient les compétences du Hollandais en la matière. On ignore précisément à quelle date et dans quel but l'ouvrage fut rédigé, une rédaction que l'on situe néanmoins, selon l'hypothèse la plus probable, à la même période que celle du *Traité théologico-politique*. L'*Abrégé* s'adosserait ainsi à la connaissance requise pour la lecture de l'Écriture sainte (voir *TTP* VII, 5 et 10 à 14).

Il était censé comporter deux parties : l'une, achevée, consacrée aux noms, dont Spinoza distingue les différents genres, et aux verbes, dont il classe les conjugaisons ; l'autre, que Spinoza n'a jamais commencée, devait porter sur la syntaxe – l'ensemble confrontant sans cesse l'hébreu et le latin. L'ouvrage ne déroge pas à la méthode de Spinoza : la langue hébraïque doit être étudiée par la lumière naturelle, comme une réalité objective gouvernée par des lois et, indique la préface, « à la façon des géomètres ». Longtemps tombé dans l'oubli, l'ouvrage a pourtant été, comme le souligne Philippe Cassuto, « la seule grammaire de l'hébreu écrite par un juif au dix-septième siècle » (*Lectures de Spinoza*, Paris, Ellipses, 2006, p. 186).

L'*ÉTHIQUE*

Historique, objet et forme de l'ouvrage

Le projet d'une *Éthique* apparaît dès le *Traité de la réforme de l'entendement*, où Spinoza évoque dans plusieurs notes une *Philosophie* à venir. Les premières lettres adressées à Oldenburg, en 1661, laissent penser qu'il entreprend d'exposer sa doctrine sur Dieu, selon la méthode des géomètres, juste après le *Court traité*, et qu'il s'y met effectivement courant 1662. La Lettre du 28 juin 1665 montre que le travail était alors bien avancé, selon une structure tripartite qui reprend le *Court traité*. Mais cette même année, au lieu de terminer l'ouvrage, Spinoza entreprend la rédaction du *Traité théologico-politique*, car pressants sont les motifs pour défendre la liberté de penser, menacée par l'intolérance et les velléités de pouvoir des calvinistes. Une fois le *Traité théologico-*

politique achevé, vers fin 1669-début 1670, Spinoza se remet à l'*Éthique*, très probablement achevée en 1675. Vers juillet-août de cette même année, il entreprend un voyage à Amsterdam pour donner son *Ethica* à l'impression. Or, il n'était plus un inconnu. Une décision du Consistoire de La Haye, du 21 juin 1675, avait énoncé qu'en raison des « principes blasphématoires et dangereux de Spinoza » qui semblent gagner de plus en plus de terrain, enquête sera menée pour savoir « si un autre ouvrage de lui est paru ou est sous presse actuellement et quel danger menace de ce côté-là [...] ». Et, déjà, circulait le bruit que l'auteur du *Traité théologico-politique* avait fait un livre bien plus dangereux, dans lequel il s'efforçait de montrer qu'il n'y avait pas de Dieu, occasion, pour des théologiens, d'aller se plaindre auprès des magistrats (Lettre 68). L'*Éthique* ne paraîtra ainsi qu'en novembre 1677 parmi les *Opera Posthuma*.

En son projet, comme l'indique son titre, l'ouvrage propose une doctrine sur la façon de vivre heureux ou, selon l'*incipit* de la partie II, d'amener à « connaître l'âme humaine et sa béatitude suprême ». S'il rejoint ainsi la préoccupation propre aux philosophies antiques, le livre n'en paraît pas moins déroutant. Tout d'abord en raison de son propos : s'il est question de la béatitude, on y voit surtout des développements sur Dieu et la nécessité, l'infini et le fini, la vertu et le salut, autant de concepts qui semblent plutôt se rapporter à une morale de la transcendance. Cependant, si l'on a bien affaire à la terminologie classique de la métaphysique, notamment scolastique (« Dieu », « Substance », « Attributs », « Modes »), Spinoza est loin d'en reprendre les significations traditionnelles : de son usage du langage, attentif non au sens des mots mais à « la nature des choses », on a déjà noté qu'il ne consistait pas à forger des termes nouveaux, mais à opérer des redéfinitions. Déroutant, ce manuel de béatitude l'est encore par sa méthode : une succession d'énoncés préalables non démontrés (des définitions, des axiomes et des postulats), puis de propositions (259 au total) assorties de leur démonstration, souvent suivies de corollaires et de scolies. L'ensemble apparaît comme un système rigide et austère.

Mais deux points sont ici à préciser. En premier lieu, contrairement à ce que l'on peut souvent lire ou entendre, l'*Éthique* n'est ni divisée en « Livres » (mais en « Parties », dont la Lettre 32 précise le rapport de « cohésion » et d'« adaptation » entre elles et avec le tout de l'ouvrage), ni écrite *more geometrico* (selon la manière géométrique), mais « *ordine geometrico* » (selon l'ordre géométrique). Cet ordre compose un système au sein duquel tous les éléments sont liés pour constituer un rapport de cohésion interne, qui consiste à comprendre les choses à partir de leur essence et de leurs propriétés. Si c'est *more geometrico* que Spinoza expose la pensée de Descartes dans les *Principes de la philosophie de Descartes*, suivre l'*ordo geometricus*, à la façon d'Euclide (voir *TTP* VII, 17), c'est suivre non pas seulement un ordre d'exposition, mais surtout un ordre *déductif*, manière rigoureuse et féconde de démontrer selon une méthode synthétique, laquelle engendre toutes les propriétés de l'effet à partir d'une première cause. Descartes est davantage attentif à l'ordre d'*exposition* des raisons, procédé d'enseignement plus que méthode de découverte ; aussi les preuves de son abrégé géométrique, dans les *Réponses aux Secondes Objections*, sont-elles « *more geometrico dispositae* », autrement dit disposées d'une manière extérieure et didactique. Adopter la démarche mathématique, c'est donc enchaîner des idées vraies et adéquates, se soumettre au déploiement de la vérité même. Tel est le moyen, comme le veut l'*Éthique*, de comprendre rationnellement l'homme et la nature dont il fait partie, sans risque d'anthropomorphisme ou de moralisme : les mathématiques, s'occupant « non pas des fins mais seulement des essences et des propriétés des figures » (I, app.), ne portent aucun jugement de valeur.

En second lieu, si Spinoza a pu passer, notamment aux yeux de Hegel, pour le modèle du penseur systématique, il convient de relativiser ce point. Spinoza recourt en effet davantage au terme d'« ordre » qu'à celui de « système » (voir par exemple la Lettre 83) ; il ne présente pas sa philosophie comme un système et ne vise pas plus à élaborer un système achevé des connaissances. Si système il y a, il est délibérément restreint au projet éthique et, en cela, sélectif – ce dont témoignent le *Traité de la réforme de l'entendement* (§ 16) et l'*Éthique* elle-même (II, avant-propos ; V, préf.). Mais surtout, il suffit d'ouvrir l'*Éthique* pour remarquer que son auteur déroge fréquemment à la chaîne démonstrative, ou plutôt la complète, par des préfaces, des scolies ou des appendices, qui laissent place à nombre d'exemples, d'appels à l'expérience (les avares, les amoureux, les ivrognes) et de narrations, comme l'histoire du poète espagnol (IV, 39, sc.) ou celle de l'enfant s'engageant dans l'armée (IV, app. 13). Ces passages sont bien souvent des lieux de corrections, de réfutations et de polémiques, car les imaginations ne se dissipent pas par « la présence du vrai en tant que vrai » (IV, 1, sc.), mais seulement par d'autres images, plus fortes.

Dieu

La première partie de l'*Éthique*, la plus courte, traite de Dieu. Ce point de départ est commandé par la méthode, puisque connaître, comme Spinoza le reprend à son compte, c'est connaître par les causes (*TRE*, § 85). Redéfini, Dieu n'a plus rien des représentations que s'en forgent le vulgaire ou les théologies traditionnelles : celles d'une providence organisatrice, d'un père aimant ou d'un monarque sévère. Il n'est plus un Créateur personnel et transcendant, ni le Dieu cartésien doué d'un entendement et d'une volonté, et libre d'avoir pu créer le monde. Mais il est cette substance unique, infinie et existant nécessairement, qui est *la nature elle-même* – comme l'énoncera l'*Éthique* IV (4, dém.) –, ce que suggèrent déjà les prop. 5 et 6 (dém. et cor.). Telle est l'affirmation centrale de ce que l'on appelle généralement le « monisme » spinoziste, dans la mesure où, comme l'affirme la prop. 14, « Sauf Dieu, il ne peut y avoir et l'on ne peut concevoir aucune substance ». L'infinité de ses attributs infinis (dont nous ne connaissons que l'Étendue et la Pensée), ainsi que toutes les réalités particulières, entendues comme ses affections ou « modes », *sont* la substance elle-même, mais en tant qu'aspects sous lesquels l'entendement humain peut la saisir.

Les prop. 1 à 15 développent les propriétés de Dieu (infinité, unicité, nécessité et indivisibilité), desquelles se déduisent (prop. 16 à 36) ce qu'il fait, c'est-à-dire sa *puissance* (qui s'identifie à son essence) et sa *causalité* dans le monde. Celle-ci peut s'envisager sous un double point de vue : selon que Dieu est nature « naturante » (prop. 16 à 20), c'est-à-dire cause dont suivent une infinité d'effets qui constituent toutes les choses singulières, ou bien du point de vue de ses effets, ou nature « naturée » (prop. 21

à 29). Dans la mesure où il n'y a rien en dehors de Dieu (tout ce qui est est en lui), ni de Dieu en dehors de ce qui est, la conception moniste comprend l'immanence : Dieu est « cause immanente et non pas transitive de toutes choses » (prop. 18), ce qui signifie que le tout de l'être contient en lui-même la cause des effets divins, ou encore que Dieu produit ses effets en lui-même. Les prop. 30 à 36 s'attachent alors à la *nécessité* qui suit de la nature divine : « Dieu n'opère pas par la liberté de sa volonté » (prop. 32, cor. 1). Délaissant l'ordre géométrique, l'appendice à cette première partie, largement polémique, s'emploiera, en les expliquant par leur genèse, à écarter « les préjugés qui pouvaient empêcher de percevoir » la doctrine de Dieu qui vient d'être déployée. C'est là, certainement, le signe de la conscience qu'avait le philosophe hollandais de la nouveauté radicale et de la difficulté de cette doctrine. Ces préjugés se ramènent à un préjugé principal, celui des causes finales dans la nature, en lequel, montre Spinoza, travaille à plein l'imagination des hommes. Le finalisme, avec le cortège de fictions qu'il produit, pervertit totalement la compréhension de la vraie nature de Dieu. Car celui-ci, existant et agissant par la seule nécessité de sa nature, et n'étant rien d'extérieur au monde, ne poursuit aucune fin et n'attend rigoureusement rien de l'homme.

L'âme, le corps et les affects

La partie II (« De la nature et de l'origine de l'âme ») se présente comme un tournant anthropologique, propre à orienter la réflexion vers la béatitude. D'une façon qui peut surprendre, cette partie, consacrée à l'âme, commence par une définition du corps. Mais l'âme et le corps, avons-nous vu, expriment, de façon différente, une seule et même réalité : c'est là le principe à partir duquel se déduisent la définition de l'âme et celle de ce mode qu'est l'homme, entendu comme unité psychophysique. Étant une partie de l'entendement infini de Dieu, et Dieu ayant l'idée de tout ce qui suit de son essence dans tous les attributs, il s'ensuit que l'âme est l'idée d'une chose singulière dont elle perçoit les modifications, à savoir le corps. Aussi n'est-elle plus une substance ou une faculté séparée, mais seulement *l'idée du corps* existant en acte (prop. 13), unie à lui comme l'idée du cercle est unie au cercle tracé dans l'étendue. Quant à la spécificité du corps humain, elle ne tient pas à son union avec une âme, mais à sa grande complexité, qui le rend apte à être affecté d'une grande diversité de manières. Voilà qui rend par conséquent l'âme apte à former une aussi grande diversité d'idées, puisque c'est le corps qui donne leur contenu aux idées de l'âme.

Quelles idées a-t-on alors, d'emblée, de soi-même et des choses extérieures ? Les prop. 14 à 47 développent une théorie de la connaissance qui sera, comme le *Traité de la réforme de l'entendement* l'avait déjà affirmé, la voie du salut. Spinoza s'attache à la nature des idées inadéquates (prop. 14 à 31), puis à celle de l'erreur (prop. 32 à 36). C'est là mettre en place la connaissance du premier genre, forme immédiate et spontanée de nos représentations des choses extérieures et de nous-mêmes, qui procède de mécanismes imaginatifs. Mais l'âme n'est pas vouée à l'ignorance : les deux autres genres de connaissances sont abordés entre les prop. 37 et 47. Celle du deuxième genre procède de la pensée rationnelle discursive ; elle se fonde sur les « idées adéquates des propriétés des choses » ou « notions communes » (prop. 40, sc. 2). Quant au troisième genre de connaissance, ou science intuitive, il désigne un mode de vision intellectuelle qui donne à voir les choses *d'un seul coup d'œil* et avec une plus grande clarté, à partir de leur *essence*. Cette théorie spinoziste de la connaissance vient enfin se distinguer, dans les prop. 48 et 49, par son refus d'hypostasier des facultés (l'entendement, la volonté). Dans ce moment polémique anticartésien, Spinoza s'attache à montrer qu'il n'existe pas de facultés comme telles, mais seulement des idées et des volitions, qui sont des *actes*, au sens où une idée enveloppe en elle-même sa propre négation ou affirmation. Après l'appendice à la partie I de l'*Éthique*, se voit ainsi remise en question la conception d'une volonté libre, pouvoir de détermination inconditionné, se croyant soustrait au déterminisme universel.

Avec la partie III (« De l'origine et de la nature des affects »), qui aborde l'aspect proprement éthique de l'entreprise, la doctrine de Dieu et celle de l'âme s'infléchissent vers une étude de la vie affective de l'homme. L'objet, comme l'énonce la préface, est de déterminer « la nature et la force des affects, et ce que l'âme peut en sens contraire pour les gouverner ». Aussi est-il besoin d'entrer dans l'analyse des sentiments (ou affects), ce qui s'effectuera selon une explication de type génétique, propre à les ressaisir par-delà leur variété et leur désordre apparents. Les prop. 1 à 11, qui exposent les fondements de la vie affective, en viennent à mettre en évidence trois affects primaires : le désir, la joie et la tristesse, dont découlent tous les autres affects, qui en sont des formes particulières (la haine, l'envie, la pitié, la jalousie, etc.). Le désir est un nom du *conatus*, cet effort essentiel de toute chose, autant qu'il est en elle, de persévérer dans son être. En tant que tel, le désir, défini comme « l'appétit avec conscience de lui-même » (prop. 9, sc.), n'a rien d'un vice et n'est nullement contre nature, puisqu'il est au contraire notre essence même et n'est rien que naturel. Et parce que s'affirme primordialement l'effort de persévérer dans notre être et de rechercher ce qui nous est utile, le désir constitue la norme même du désirable. Cela dit, étant donné l'interdépendance de l'homme avec les autres modes finis (d'autres corps ou d'autres esprits, la tempête ou l'ami), le *conatus* ne se conçoit pas en dehors de rapports avec d'autres puissances, susceptibles de le favoriser ou de le contrarier. Aussi connaît-il inévitablement d'incessantes variations. De là se déduisent la joie et la tristesse, passions par lesquelles l'âme passe, dans le cas de la joie, à une plus grande perfection et, dans le cas de la tristesse, à une moindre perfection.

De ces trois affects fondamentaux se déduit donc la multitude des affects de l'homme en tant qu'il est passif, c'est-à-dire en tant que son rapport au monde est essentiellement imaginatif (prop. 12 à 57). Car, si les affects sont par définition conscients, ils ne sont pas d'emblée objets d'une connaissance adéquate : je n'en connais ni les causes ni les mécanismes réels, et n'en suis moi-même que la cause partielle, ce qui définit leur caractère de passivité. Par des processus d'association et de transfert, certains affects se rapportent aux choses en général suivant des causes accidentelles (l'amour, la haine, la moquerie); d'autres, à des choses passées ou futures (l'espoir, le désespoir, le remords) (prop. 12 à 20); d'autres, encore, se nouent à travers les relations interindividuelles en tant qu'elles donnent lieu à des processus de mimétisme : imitation du désir des autres, jeux de l'amour et de la haine, comme lorsque l'on cherche à se faire aimer ou à faire aimer ce qu'on aime (prop. 21 à 47). Nos désirs sont ainsi d'abord déterminés par les lois de l'imagination et par les causes extérieures, entravant généralement le déploiement de notre propre nature.

Comment, dès lors, est-il possible de passer de l'impuissance à la puissance, c'est-à-dire de former des idées adéquates, puisque notre condition naturelle nous détermine à n'avoir que des idées inadéquates ? Spinoza ménage une transition vers la partie IV : les prop. 58 et 59 sont consacrées aux affects qui se rapportent à nous en tant que nous sommes actifs. Apparaissent ici, autrement dit, des affects en lesquels l'âme conçoit sa propre puissance d'agir. La générosité, par exemple, est le désir par lequel un individu s'efforce, sous la dictée de la raison, d'aider les autres hommes et de se les lier d'amitié (prop. 59, sc.).

La servitude et la raison

Parce que le processus de libération se joue d'abord au sein de cette servitude faite d'interminables conflits passionnels, la quatrième partie de l'*Éthique* (« De la servitude humaine ou des forces des affects ») a un rôle charnière. Elle ménage en effet le lien entre le thème de la servitude (cette « impuissance humaine à gouverner et à réprimer les affects », dit la préface) et celui de la liberté, c'est-à-dire des conditions qui rendent possibles le passage de la passivité à l'activité, de la connaissance inadéquate à la connaissance adéquate. Le scolie de la prop. 17 éclaire ce lien. Il énonce en effet qu'« il est nécessaire de connaître aussi bien la puissance que l'impuissance de notre nature pour pouvoir déterminer ce que peut et ne peut pas la raison pour gouverner les affects ».

Les 18 premières propositions sont donc consacrées aux causes de notre servitude et aux limites de notre pouvoir sur nos affects. Dépendre de l'ordre commun de la nature, c'est nécessairement dépendre de multiples causes extérieures, dont la puissance surpasse infiniment la force par laquelle nous persévérons dans l'existence. C'est être, en d'autres termes, toujours sujet aux passions. Mais être une partie de la nature signifie également que nous possédons une part de puissance, expression de la puissance divine elle-même : les prop. 19 à 28 développent une théorie de la *vertu*, qui n'est autre chose, pour Spinoza, que l'effort pour se conserver et persévérer dans son être *sous la conduite de la raison.* Voilà qui laisse place à l'importance de la vie dans la cité selon la raison et à la détermination du bien commun des hommes, fondement de leur sociabilité et d'une pacification de leurs relations (prop. 29 à 37).

Il est alors question, dans un second moment, des conditions de possibilité du passage de la servitude à la liberté (prop. 38 à 73). Spinoza commence par une évaluation raisonnée des affects selon ce qu'ils peuvent avoir de « bon » ou de « mauvais » au critère de l'utilité (prop. 38 à 58), c'est-à-dire de ce qui participe à accroître la puissance d'agir et de penser. De ce point de vue, la joie est bonne et jamais directement mauvaise, la haine ne peut jamais être bonne, et la commisération ou pitié est mauvaise. À partir de la prop. 59, Spinoza fait intervenir plus directement la raison dans la vie affective, en montrant – c'est là un point capital – qu'elle peut faire ce que réalise la passion. L'homme peut dominer la force de ses affects si la raison est prise pour guide, car elle seule permet de comprendre le système des causes qui nous font agir et d'instaurer une nouvelle orientation, dès lors adéquate, du désir. Nos désirs et nos conduites peuvent être rationnellement déterminés, au point où la raison devient elle-même un affect. C'est ainsi que l'*Éthique*, à partir de la prop. 67 de cette partie IV, se livre à une description de l'homme libre, c'est-à-dire de « celui qui est conduit par la seule raison » et qui « n'a que des idées adéquates » (prop. 68, dém.). Comme tel, il n'agit jamais en trompeur (prop. 72) et se trouve plus libre dans la cité où il vit selon le décret commun, que dans la solitude (prop. 73).

La liberté, « autrement dit la béatitude »

Traiter de la voie qui conduit à la liberté ou béatitude, c'est traiter, comme le dit la préface de l'*Éthique* V, de « ce que peut la Raison elle-même sur les affects ». L'homme, encore une fois, ne fait pas exception aux lois communes de la nature. Mais que toute chose soit régie par de stricts rapports de causalité n'interdit nullement de se comprendre soi-même comme cause productrice d'une pluralité d'effets, au sein d'un réseau infini de causes et d'effets. En d'autres termes, *nous deviendrons d'autant plus libres que des effets procèderont davantage de notre nature et moins des causes extérieures*. Cette appropriation de notre propre puissance causale passe d'abord par la compréhension des lois générales de la productivité naturelle, puis des causes plus particulières qui agissent sur nous, au premier rang desquelles figurent les affects. Or, selon la prop. 3, fondamentale, « un affect qui est une passion cesse d'être une passion aussitôt que nous en formons une idée claire et distincte ».

Spinoza, dans cette ultime partie de l'ouvrage, propose comme deux voies d'accès à la liberté, selon que l'âme pense le corps en relation avec la durée, ou selon sa puissance propre, sans relation à l'existence du corps. La première voie (prop. 1 à 20) s'inscrit dans la continuité de la partie IV. Elle cherche à montrer comment l'homme peut gouverner ses affects et ainsi se libérer de la servitude, par un usage rationnellement maîtrisé de l'imagination, propre à limiter les affects et à leur donner une orientation nouvelle. La seconde voie (prop. 21 à 40) entend comprendre, en considérant maintenant la puissance de l'âme prise en elle-même, la nature de la béatitude ou liberté. Si le deuxième genre de connaissance nous fait connaître les lois universelles, la connaissance intuitive amène à comprendre l'essence des choses singulières – et donc soi-même – à partir de l'essence de Dieu. C'est ce plus haut degré de la liberté qui correspond à la béatitude, et Spinoza d'en faire une expérience de l'éternité (prop. 23, sc.). L'âme qui comprend par la connaissance du troisième genre se comprend « du point de vue de l'éternité », c'est-à-dire comme partie, concourant avec d'autres, du tout infini et nécessaire qu'est Dieu ou la nature. Ce qui est ici saisi, ce ne sont plus seulement les choses à partir de leur situation dans la durée, mais c'est l'acte même par lequel elles sont nécessairement produites par l'infinie puissance causale de la nature.

La joie que nous avons à nous voir, en notre singularité même, comme partie de la nature, est rapportée à Dieu comme à sa cause. De là naît, en l'âme, un amour intellectuel de Dieu. La béatitude qui s'ensuit est une joie constante, non plus un passage vers une plus grande perfection, mais la perfection elle-même. La béatitude ne constitue pas pour autant un état qui serait la récompense finale de la vertu : elle s'identifie à l'activité vertueuse elle-même (prop. 41 et 42), c'est-à-dire à l'exercice, au plus haut point, de ce qui fait notre propre puissance.

LE *TRAITÉ POLITIQUE*

Le *Traité politique* est le dernier ouvrage que Spinoza a entrepris, à partir de 1675. Il reste inachevé à cause de la mort de l'auteur. Tel que nous le connaissons, le texte latin est la version publiée dans les *Opera Posthuma* de 1677. Une lettre à un ami (Lettre 84 de 1676), qui sert de préface à l'ouvrage, livre le plan d'ensemble, en précisant ce qui est rédigé et ce qui reste à faire :

> Six chapitres de ce traité sont déjà terminés. Le premier contient une sorte d'introduction à l'ouvrage ; le second traite du droit naturel ; le troisième du droit du Souverain suprême ; le quatrième examine quelles sont les questions politiques qui dépendent du gouvernement du Souverain suprême ; le cinquième, quel est le bien le plus haut et le plus grand qu'une société puisse viser ; le sixième, comment doit être institué un gouvernement monarchique pour ne pas dégénérer en tyrannie. À présent, je m'occupe du septième chapitre, où je démontre de manière méthodique tous les éléments des six chapitres précédents concernant la monarchie bien ordonnée. Je passerai ensuite aux gouvernements aristocratique et populaire, et enfin aux lois et aux autres questions particulières concernant la politique.

Le *Traité politique* a une facture plutôt classique en matière de philosophie politique : il présente une théorie de la nature et des fondements de l'État, suivie d'une discussion des trois formes traditionnelles de gouvernement : la monarchie, l'aristocratie et la démocratie (II, 17). Quant au développement de l'argumentation, Spinoza se réfère aux « articles » précédents, d'une manière qui rappelle l'ordre géométrique de l'*Éthique*.

Du Traité théologico-politique *au* Traité politique

Entre 1670, date de la publication du *Traité théologico-politique*, et 1675, la pensée politique de Spinoza a-t-elle évolué ? Force est de constater, entre les deux ouvrages, des éléments essentiels de continuité, tels que la définition du droit naturel par la puissance ; l'instauration et la sauvegarde, comme but de l'État, de la sécurité et de la paix ; la thèse d'une irréductibilité de la liberté de penser (III, 8) ; celle, enfin, de la démocratie comme le meilleur d'entre tous les gouvernements. D'un point de vue doctrinal, les deux *Traités* coïncident, d'autant que le *Traité politique* semble bien avoir le même horizon que le *Traité théologico-politique* : établir les conditions extérieures les plus favorables à la réalisation des visées éthiques du système, et d'abord à une vie définie par la raison (V, 5).

Cependant, tandis que le *Traité théologico-politique* parle presque seulement de la démocratie, le choix de ce régime n'est pas autant marqué dans le *Traité politique* : non seulement le chapitre qui devait lui être consacré est resté inachevé, mais Spinoza paraît encore assez impartial à l'égard des formes d'État examinées. En outre, le *Traité politique* n'est plus ce plaidoyer pour la liberté qu'était le *Traité théologico-politique*, une liberté qui n'y est d'ailleurs plus affirmée comme définissant la finalité de l'État. Enfin, il délaisse la théorie contractualiste – quoiqu'il y soit fait allusion (III, 14 et IV, 6). En conséquence, comme l'écrit É. Balibar, « plus qu'à un déplacement de certains concepts, il semble bien que nous ayons affaire à une problématique nouvelle » (*Spinoza et la politique*, p. 64). L'ouvrage se consacre en effet à une théorie plus large des fondements de la politique, au fonctionnement détaillé des États et à leurs structures. L'intention est en effet d'étudier le mécanisme des institutions sous l'angle de la souveraineté, dans le but de démontrer à quelles exigences doit satisfaire un régime qui se veut stable (c'est-à-dire dont l'existence ne soit menacée ni de l'extérieur ni de l'intérieur), et par quels moyens il peut établir une véritable paix et maintenir son autorité.

Bien que Spinoza, nulle part, ne s'explique ni sur l'intention ni sur le projet qui président à l'écriture du *Traité politique*, il est permis de penser à deux motifs, l'un d'ordre historique, l'autre philosophique. D'une part, on ne peut nier l'importance du contexte, en particulier les bouleversements provoqués par l'invasion des Provinces-Unies, en 1672, par les troupes de Louis XIV, et le retour au pouvoir de la royauté, avec Guillaume III d'Orange. D'autre part, Spinoza, dans un ouvrage pleinement consacré à la politique (ce que n'est pas le *Traité théologico-politique*), a peut-être souhaité mettre concrètement en application la doctrine de l'*Éthique* dans l'étude et l'évaluation des régimes politiques, afin qu'en leur fonctionnement même soient instaurée et consolidée la coexistence la plus pacifique et la plus profitable possible entre les hommes. Il en irait de même, enfin, avec le *Traité théologico-politique*, ce plaidoyer pour la liberté au sein de l'État : on peut penser que le *Traité politique* prend la suite en examinant *comment* et *où* cette liberté peut trouver ses conditions concrètes de réalisation, notamment au sein même de l'exercice du pouvoir.

La thèse de l'ouvrage

Le problème est donc celui des conditions d'instauration et de stabilité d'un régime politique. Toutefois, lorsque l'auteur de l'*Éthique* entend déterminer « ce qu'est le meilleur régime pour tout État » (V, 1), il ne s'agit pas du meilleur régime politique absolument parlant, mais des principes d'organisation les meilleurs que l'on puisse concevoir *pour chacun des trois régimes*, relativement au but de la société civile : « rien d'autre que la paix et la sécurité de la vie » (V, 2). À cette fin, parce que l'individu, tout comme la multitude au sein d'une société, aspirent toujours à persévérer dans leur être, le souverain, qu'il soit monarque ou assemblée, doit toujours faire en sorte qu'ils éprouvent quelque amour envers l'ordre civil. Voilà qui demande de percevoir toujours cet ordre comme utile et, du même coup, de veiller au salut du souverain. Aussi, et quelle que soit sa forme, le régime doit-il intégrer des mécanismes démocratiques afin que la multitude ne soit pas écartée des décisions politiques. L'autorité souveraine tirant en effet sa puissance non d'elle-même mais des sujets, les détenteurs du pouvoir ne peuvent gouverner que par le peuple, et la volonté des gouvernants n'avoir force de loi que si elle est conforme à la volonté de tous. L'analyse des régimes s'effectue donc à l'aune de la question suivante : en quoi chacun d'entre eux recèle-t-il les conditions de décisions communes, allant dans le sens de la plus grande réalisation possible des droits individuels de nature ?

On comprend ainsi pourquoi, sous la plume de Spinoza, qui se démarque ici de l'auteur du *Léviathan*, la monarchie et l'aristocratie relèvent déjà de la démocratie. L'administration des affaires publiques doit faire l'objet de discussions et de délibérations par le grand nombre, et être soumise à l'approbation générale. En d'autres termes, si le droit naturel ne peut faire l'objet d'une aliénation dans l'état civil, le souverain doit faire en sorte, sous peine de susciter l'indignation, que sa volonté ne s'écarte pas trop de celle de la multitude. Aussi les affaires publiques doivent-elles être ordonnées « de telle sorte que ceux qui les administrent [...] ne puissent être amenés à manquer de loyauté, ou à mal agir » (I, 6).

La thèse que file le *Traité politique* est ainsi la suivante : plus les individus associent leur puissance afin de résoudre collectivement les questions politiques, plus la Cité (c'est-à-dire le corps entier de l'État) relève de son droit et se rend capable de s'inscrire dans la durée.

Principes méthodologiques pour une science politique

Avant et afin de traiter le problème de la stabilité d'un État, Spinoza, dans le premier chapitre, élabore une méthode et introduit des notions générales de science politique qui lui permettront, ultérieurement, d'analyser les réalités singulières que sont les États historiquement déterminés. Soucieux de réalisme, les principes dont Spinoza s'inspire pour ses analyses se rapprochent de ceux de Machiavel, dont il ne cesse de louer le sens politique. Un principe de réalité, tout d'abord, qui exige de prendre les hommes tels qu'ils sont et non tels qu'ils voudraient ou devraient être. C'est là les considérer, qu'il s'agisse des gouvernés ou des gouvernants, dépourvus de libre-arbitre, déterminés par ce qu'ils jugent être le plus favorable à leur conservation, caractérisés, enfin, par leurs faiblesses et leur puissance, leur vanité et leur cupidité. L'analyse entend ainsi s'enraciner dans une anthropologie débarrassée de toute transcendance et conférant aux propriétés d'une nature humaine passionnelle un rôle fondamental dans la description de la vie sociale et politique. L'analyse n'est donc pas normative ou idéale. Il n'est pas question d'espérer une métamorphose de l'homme. Cela signifie que le but n'est pas de supprimer les affects inhérents à la nature humaine, mais leurs conséquences néfastes quant à l'établissement et au maintien de la concorde civile.

Cependant, alors que pour Machiavel la science politique est toujours liée à une analyse empirique de la nature humaine, historiquement fondée, cette science, pour Spinoza, est systématiquement conduite à partir de ses propres principes, et historiquement confirmée. Autrement dit, le *Traité politique* part des conséquences de la philosophie de Spinoza, aussi bien que de l'expérience historique. L'auteur de l'*Éthique* déclare en effet vouloir adopter, dans l'étude de la réalité politique, une attitude aussi objective que dans l'étude des affects. La réalité politique, en effet, se présente comme une dynamique de forces qui, comme toutes les forces naturelles, expriment ce qu'il appelle le « droit de Dieu » (II, 3), c'est-à-dire sa puissance se déployant à différents degrés dans le *conatus* de toute chose. En même temps, que la philosophie soit ici constituée en science politique, signifie qu'elle entend porter son attention à l'expérience historique, puisque la science politique est une science appliquée (I, 3). De là les références constantes à l'histoire, celle de Rome, des pays Ibériques, des Républiques d'Italie (notamment Venise et Gênes), enfin, et surtout, celle des Pays-Bas, afin d'établir que la théorie vraie est pratiquement applicable.

Il convient alors de relever, à partir de là, comme un double niveau de la pensée de Spinoza. Dans l'étude qu'il fait des institutions et de leur mécanisme, il examine d'abord quelle est, au regard de chaque régime possible, la forme la meilleure. Puis l'on voit la préférence du penseur hollandais s'affirmer en allant, à l'intérieur de chaque régime, vers la forme la plus démocratique. L'étude laisse ici la place au jugement, à l'aune de ce qui semble répondre le mieux aux exigences des hommes. La philosophie politique, autrement dit, ne se borne pas à la physique sociale et au pragmatisme, ce qui n'est pas si étonnant dès lors qu'elle se propose de déterminer « ce qu'est le meilleur régime pour tout État », et qu'il y va, en cette détermination, du déploiement de la puissance de chacun.

Le problème de la conservation durable de l'État

Le chapitre II part d'un rappel des acquis essentiels de l'*Éthique* et du *Traité théologico-politique*, qui constituent l'assise anthropologique indispensable à la réflexion politique : l'homme n'est pas un empire dans un empire mais un mode de la substance, une partie de la nature ; comme tel, il est soumis au déterminisme et fait effort pour persévérer dans son être, ce qui définit, qu'il soit sage ou ignorant, son « droit souverain de nature » (8). Bien davantage gouvernés par le désir aveugle, la colère et la haine, que par la raison, les hommes sont par nature ennemis. Mais le souci de vivre en sécurité et en liberté les amène à unir leurs forces et à former un corps politique, par lequel ils se voient « tous conduits comme par une seule âme » (16) – c'est-à-dire par une législation commune. « Ce droit que définit la puissance de la multitude, on l'appelle généralement "souveraineté [*imperium*]" ». Lorsqu'il est exercé par la multitude dans son ensemble, l'État s'appelle démocratie ; par « un certain nombre de membres choisis », aristocratie ; enfin monarchie s'il est entre les mains d'un seul.

Le chapitre III analyse alors le droit de toute puissance souveraine eu égard à ses sujets (2-11), puis aux autres États (12-17). « Relevant non de son droit mais du droit de la Cité dont il est tenu d'exécuter tous les ordres » (5), le sujet doit une obéissance inconditionnelle. Mais – c'était là déjà un argument majeur du *Traité théologico-politique* – le droit souverain a ses limites puisqu'il n'est déterminé par rien d'autre que la puissance de la multitude. Or, seule celle-ci a le pouvoir de décréter ce qui est juste ou injuste, et tend vers ce que la raison enseigne être utile à tous, à savoir la sécurité et la paix. Quant aux États souverains, ils se comportent entre eux « comme deux hommes à l'état naturel » (11), c'est-à-dire en ennemis. Toutefois, les Cités peuvent devenir des alliées en concluant des traités, qui dureront aussi longtemps qu'elles auront à y gagner. Le chapitre IV aborde les tâches du pouvoir souverain, comme la législation, la justice, l'armée, la guerre et la paix, la diplomatie et la perception des impôts. Il est absurde de dire qu'une Cité est elle-même liée par des lois, car elle l'est seulement par la loi naturelle de l'autopréservation, par laquelle elle a seule la charge de juger pour elle-même de ce qui est bon et de ce qui est mauvais.

La mise en place de ces principes généraux de philosophie politique aboutit, au chapitre V (2), à la formulation du but ultime de l'État, dont découlera sa qualité :

> [...] le meilleur régime pour tout État se connaît facilement à partir de la fin de la société civile, qui n'est à l'évidence rien d'autre que la paix et la sécurité de la vie. Et par suite l'État le meilleur est celui où les hommes passent leur vie dans la concorde, et dont les règles de droit sont observées sans violations.

De la qualité de l'organisation dépendra dès lors sa façon d'assurer sa stabilité. Ce ne sera pas en faisant régner la crainte, mais en visant la liberté et la vie sous la conduite de la raison. Cependant, la paix ne saurait se réduire à l'absence de guerre : elle est « une vertu qui naît de la force d'âme » (4). Aussi, par l'idée de « vivre dans la concorde », il faut entendre une vie humaine, définie « non par la seule circulation du sang et par les autres fonctions communes à tous les animaux, mais avant toute chose par la raison, véritable vertu de l'âme, et sa vraie vie » (5).

Les chapitres VI et VII en viennent à l'étude détaillée des fondements et des dispositifs institutionnels propres à assurer la stabilité de l'État pour chaque type de régime, en commençant par la monarchie. Celle-ci représente le moins bon des régimes, car le rassemblement des pouvoirs en une seule main rend l'autorité plus précaire et plus exposée aux séditions. Toutes les mesures envisagées par Spinoza tendent à écarter ces inconvénients. Ainsi, la monarchie, en son organisation, doit garantir que les gouvernants et les gouvernés agissent pour l'intérêt général – ou « salut commun » (VI, 3) –, tout en faisant en sorte que le roi lui-même y trouve son propre intérêt, c'est-à-dire sa sécurité (VI, 8). Aussi l'État monarchique doit-il être « institué par une multitude libre » (VII, 26), afin que « la puissance du roi soit déterminée par la seule puissance de la multitude » (VII, 31). Moins le roi prend ses décisions seul, plus il intègre au cœur des délibérations publiques des individus issus de tous les groupes sociaux, et plus grandes sont dès lors ses chances de conserver le pouvoir. C'est là instituer un grand Conseil, que le roi doit écouter préalablement à la prise de décisions (VI, 16 à 19), et dont la fonction consiste à « défendre les règles de droit fondamentales de l'État et de donner un avis sur les affaires à régler […] » (VI, 17). Le reste du chapitre VI et l'ensemble du chapitre VII se consacrent alors à une description détaillée des dispositions nécessaires à l'État monarchique : règles de composition et de fonctionnement du Conseil, éducation des enfants du roi, succession au trône, place de la religion, administration de la justice, propriété, etc. Quand bien même il s'agirait ici de la forme d'État monarchique la meilleure, Spinoza est conscient qu'aucun État ne remplit réellement toutes ces conditions (VII, 30).

Les chapitres VIII à X abordent l'aristocratie, à laquelle Spinoza paraît conférer la vertu essentielle de stabilité. Ses dirigeants, choisis parmi la multitude et l'ensemble des classes sociales, sont appelés « patriciens ». Il convient de distinguer deux formes d'aristocratie. La plus courante est celle où l'État s'organise exclusivement autour de sa capitale (VIII, 3 à 49), telle la Rome antique ou Venise à l'époque de Spinoza. L'autre forme est celle de la Hollande, où la souveraineté est détenue par plusieurs villes (chap. IX). Le nombre de patriciens est en proportion de la taille de l'État (VIII, 13), et il doit être suffisant afin que ne puisse se créer toute faction séparée par les effets du népotisme et des alliances. L'important, à nouveau, est de déterminer les dispositifs capables d'empêcher le pouvoir de devenir absolu, au premier rang desquels un Conseil suprême, soutenu par deux organes subordonnés : les « syndics », instance de contrôle à l'égard des lois et de la régularité des débats, et le « Sénat », chargé des affaires courantes. Des deux modèles qu'il a relevés, la préférence de Spinoza va au second, car l'équilibre des pouvoirs y est bien moins propice aux renversements et bien plus à la paix (IX, 14 et 15). Le chapitre X résume les résultats des analyses, en soulignant qu'un État ne peut survivre que si ses institutions légales demeurent inviolées, ce que seules permettront des lois « soutenues par la raison et par les affects communs des hommes » (10).

Le chapitre XI, inachevé, marque le passage vers la démocratie, une forme de gouvernement que Spinoza qualifie d'« absolu en tout », au sens où elle est le régime de la multitude dans laquelle le corps commun s'affirme le plus et se voit associé au vote des lois qui la régissent. On peut donc en déduire que la démocratie représente le régime le plus apte à se conserver durablement. Le seul sujet abordé est celui de la participation politique. De celle-ci, Spinoza exclut les femmes et les serviteurs, qui dépendent respectivement de leurs maris et de leurs maîtres. C'est par nature et non par convention que les hommes dominent les femmes, et « ce ne serait pas sans grand dommage pour la paix qu'hommes et femmes gouvernent à parité » (4). Cependant, Spinoza lui-même le précise : « il est manifeste que nous pouvons concevoir divers genres d'États démocratiques » (3)

BIBLIOGRAPHIE

ÉDITIONS DE RÉFÉRENCES

Benedicti de Spinoza Opera quotquot reperta sunt, édition J. van Vloten, J. P. N. Land, La Haye, Nijhoff, 1882-1883 (2 vol.) ; 1895 (3 vol.) ; 1914 (4 vol.).

Spinoza Opera, im Auftrag der Heidelberger Akademie der Wissenschaften herausgegeben von C. Gebhardt, Heidelberg, Carl Winters Universitäts-buchhandlung, 1925 (4 vol.) ; rééd. 1972.

ŒUVRES COMPLÈTES EN FRANÇAIS

APPUHN C., *Œuvres de Spinoza*, traduction et notes, nouvelle édition revue et corrigée d'après l'édition de Heidelberg (3 vol.), Paris, Garnier, s. d. ; rééd. Paris, GF-Flammarion, 1964 (4 vol.), repr. en 1 vol., Paris, Robert Laffont (Bouquins), 2019.

MOREAU P.-F. (éd.), *Spinoza. Œuvres*, Paris, P.U.F. :

– III. *Traité théologico-politique*, texte établi par F. Akkerman, trad. fr. et notes P.-F. Moreau et J. Lagrée, 1999.

– V. *Traité politique*, texte établi par O. Proietti, trad. fr. C. Ramond, 2005.

– I. *Premiers écrits*, comprenant : le *Traité de la réforme de l'entendement*, texte établi par F. Mignini, trad. fr. M. Beyssade ; le *Court Traité*, texte établi par F. Mignini, trad. fr. J. Ganault, 2009.

– IV. *Éthique*, texte établi par P. Steenbakers, F. Akkerman, trad. fr. P.-F. Moreau, 2020.

PAUTRAT B. (éd.), *Spinoza. Œuvres complètes*, « Bibliothèque de la Pléiade », Paris, Gallimard, 2022.

QUELQUES TRADUCTIONS FRANÇAISES SÉPARÉES

Le *Traité de la réforme de l'entendement*

KOYRÉ A., Paris, Vrin, 1937; 1984.

LÉCRIVAIN A., Paris, GF-Flammarion, 2003.

ROUSSET B., Paris, Vrin, 1992.

L'*Éthique*

MISRAHI R., Paris, P.U.F., 1990.

PAUTRAT B., Paris, Seuil, 1988; 3e édition revue et augmentée, Seuil, 1999.

Le *Traité politique*

MOREAU P.-F., Paris, Éditions Réplique, 1979.

SAISSET É., dans *Œuvres*, Paris, Charpentier, 1842; nouvelle édition revue et augmentée, 1861, tome 2. Traduction révisée, introduite et annotée par L. Bove, Paris, Le Livre de Poche-Librairie générale française, 2002.

L'*Abrégé de grammaire hébraïque*

ASKÉNAZI J. et J., Paris, Vrin, 1968; 2000.

La Correspondance

ROVÈRE M., Paris, GF-Flammarion, 2010.

QUELQUES INSTRUMENTS BIOGRAPHIQUES ET HISTORIQUES

MEINSMA K.O., *Spinoza et son cercle. Étude critique historique sur les hétérodoxes hollandais*, trad. fr. S. Roosenburg, Paris, Vrin, 1983.

NADLER S., *Spinoza. Une vie*, nouvelle éd. revue et augmentée, trad. fr. J.-F. Sené, O. Bosseau, Paris, H & O Éditions, 2021.

YOVEL Y., *Spinoza et autres hérétiques*, trad. fr. É. Beaumatin, J. Lagrée, Paris, Seuil, 1991.

POUR UNE PREMIÈRE APPROCHE

ALAIN (Chartier É., dit –), *Spinoza*, Delaplane, 1901 ; repr. Mellotée, 1949 ; éd. revue et augmentée, Paris, Gallimard, 1986.

BILLECOQ A., *Spinoza et les spectres*, Paris, P.U.F., 1987.

CHRISTOFOLINI P., *Spinoza, Chemins dans l'*Éthique, Paris, P.U.F., 1996.

DELEUZE G., *Spinoza. Philosophie pratique*, Paris, Minuit, 1970 ; éd. augmentée, 1981.

FRAISSE J.-C., *L'œuvre de Spinoza*, Paris, Vrin, 1978.

JAQUET C., *Spinoza ou la prudence*, Paris, Éditions du Retour, 2019.

MISRAHI R., *Spinoza. Un itinéraire du bonheur par la joie*, Escalquens, Jacques Grancher, 1992.

MOREAU P.-F., *Spinoza*, Paris, Seuil, 1975.

– *Spinoza et le spinozisme*, Paris, P.U.F., 2003.

— et RAMOND C. (éd.), *Lectures de Spinoza*, Paris, Ellipses, 2006.

SÉVÉRAC P., *Spinoza. Union et désunion*, Paris, Vrin, 2011.

— et SUHAMY A., *Spinoza*, Paris, Ellipses, 2008.

ZAC S., *La morale de Spinoza*, Paris, P.U.F., 1959.

ÉTUDES ET COMMENTAIRES

Sur l'ensemble du système

ALQUIÉ F., *Le rationalisme de Spinoza*, Paris, P.U.F., 1981.

BOVE L., *La stratégie du* conatus, *affirmation et résistance chez Spinoza*, Paris, Vrin, 1996.

BRUGÈRE F., MOREAU P.-F. (éd.), *Spinoza et les affects*, Paris, Presses de l'université Paris-Sorbonne (GRS/Travaux et documents, 7), 1998.

CURLEY E., MOREAU P.-F. (éd.), *Spinoza, Issues and Directions. The Proceedings of the Chicago Spinoza Conference*, Leiden-New York-Copenhagen-Köln, Brill, 1990.

DANINO P., *Le meilleur ou le vrai. Spinoza et l'idée de philosophie*, Paris, Publications de la Sorbonne, 2014.

DELBOS V., *Le spinozisme*, cours professé à la Sorbonne en 1912-1913, Paris, Vrin, 1926; 2005.

DELEUZE G., *Spinoza et le problème de l'expression*, Paris, Minuit, 1968.

JAQUET C., *Spinoza à l'Œuvre. Composition des corps et force des idées*, Paris, Éditions de la Sorbonne, 2017.

LAVERAN S., *Le Concours des parties. Critique de l'atomisme et redéfinition du singulier chez Spinoza*, Paris, Classiques Garnier, 2015.

LAZZERI C. (coord.), *Spinoza, puissance et impuissance de la raison*, Paris, P.U.F., 1999.

MACHEREY P., *Avec Spinoza. Études sur la doctrine et l'histoire du spinozisme*, Paris, P.U.F., 1992.

MATHERON A., *Individu et Communauté chez Spinoza*, Paris, Minuit, 1969; 1988.

– *Anthropologie et politique au XVIIe siècle (études sur Spinoza)*, Paris, Vrin, 1986.

– *Études sur Spinoza et les philosophies de l'âge classique*, Lyon, ENS Éditions, 2011.

MISRAHI R., *Le Désir et la réflexion dans la philosophie de Spinoza*, Paris-London-New York, Gordon & Breach, 1972.

MOREAU P.-F., *Spinoza. L'expérience et l'éternité*, Paris, P.U.F., 1994.

– *Problèmes du spinozisme*, Paris, Vrin, 2006.

RAMOND C., *Spinoza contemporain. Philosophie, Éthique, Politique*, Paris, L'Harmattan, 2016.

ROUSSET B., *La perspective finale de l'*Éthique *et le problème de la cohérence du spinozisme*, Paris, Vrin, 1968; rééd., 2001.

SUHAMY A., *La communication du bien chez Spinoza*, Paris, Classiques Garnier, 2010.

WOLFSON H.A., *La philosophie de Spinoza. Pour démêler l'implicite d'une argumentation*, traduction A.-D. Balmès, Paris, Gallimard, 1999.

ZOURABICHVILI F., *Spinoza. Une physique de la pensée*, Paris, P.U.F., 2002.

– *Le conservatisme paradoxal de Spinoza*, Paris, P.U.F., 2002.

*Sur les premiers écrits (*TRE, CT, PPD *et* PM*)*

JAQUET C. (éd.), *Les* Pensées Métaphysiques *de Spinoza*, Paris, Publications de la Sorbonne, 2004.

KLAJNMAN A., *Méthode et art de penser chez Spinoza*, Paris, Kimé, 2006.

MELAMED Y. (ed.), *The young Spinoza : A Metaphysician in the making*, Oxford, Oxford University Press, 2015.

ZWEERMAN T., *L'introduction à la philosophie selon Spinoza. Une analyse structurelle de l'introduction du* Traité de la réforme de l'entendement *suivie d'un commentaire de ce texte*, Assen-Maastricht, Presses de l'université de Louvain-Van Gorcum, 1993.

Revue des sciences philosophiques et théologiques, « Les premiers écrits de Spinoza », publication de la première partie du colloque du CNRS (Paris, 9-11 avril 1986), 71/1, 1987.

Archives de philosophie, « Les premiers écrits de Spinoza », publication de la seconde partie du colloque du CNRS (Paris, 9-11 avril 1986), 51/1, janvier-mars 1988.

*Sur l'*Éthique

CORTÉS J.V., *La notion de jouissance chez Spinoza. Essai de reconstruction conceptuelle*, Paris, Éditions de la Sorbonne, 2019.

GUEROULT M., *Spinoza*, Paris – Hildescheim, Aubier-Montaigne – Olms ; vol. 1 : *Dieu (Éthique, I)*, 1968 ; vol. 2 : *L'âme (Éthique, II)*, 1974.

JAQUET C., *L'unité du corps et de l'esprit; affects, actions et passions chez Spinoza*, Paris, P.U.F., 2004 ; 2015.
– *Les expressions de la puissance d'agir chez Spinoza*, Paris, Publications de la Sorbonne, 2005 ; en accès ouvert à l'adresse : https : //books.openedition.org/psorbonne/127.
— et SÉVÉRAC P., SUHAMY A. (éd.), *Fortitude et servitude. Lecture de l'*Éthique *IV de Spinoza*, Paris, Kimé, 2003.
KISNER M.J., YOUPA A. (ed.), *Essays on Spinoza's Ethical Theory*, Oxford, Oxford University Press, 2014.
MACHEREY P., *Introduction à l'*Éthique *de Spinoza*, Paris, P.U.F., 5 vol. ;V. *La cinquième partie, les voies de la libération*, 1994 ; III. *La troisième partie, la vie affective*, 1995 ; II. *La deuxième partie, la réalité mentale*, 1997 ; IV. *La quatrième partie, la condition humaine*, 1997 ; I. *La première partie, la nature des choses*, 1998.
SÉVÉRAC P., *Le devenir actif chez Spinoza*, Paris, Champion, 2005 ; rééd., 2021.
SUHAMY A., *Spinoza pas à pas*, Paris, Ellipses, 2011.

Sur la politique et la religion

BALIBAR É., *Spinoza et la politique*, Paris, P.U.F., 1984.
– *Spinoza politique. Le transindividuel*, Paris, P.U.F., 2018.
BILLECOQ A., *Spinoza. La politique et la liberté*, Paris, Demopolis, 2018.
BRETON S., *Spinoza. Théologie et politique*, Paris, Desclée, 1977.
GIANNINI H., MOREAU P.-F., VERMEREN P. (éd.), *Spinoza et la politique*, colloque de Santiago du Chili (mai 1995), Paris, L'Harmattan, 1997.
JAQUET C., SÉVÉRAC P., SUHAMY A. (éd.), *La multitude libre. Nouvelles lectures du* Traité politique *de Spinoza*, Paris, Amsterdam, 2008.
LAGRÉE J., *Spinoza et le débat religieux*, Presses universitaires de Rennes, 2004.
LAUX H., *Imagination et religion chez Spinoza. La* potentia *dans l'histoire*, Paris, Vrin, 1993.

LAZZERI C., *Droit, pouvoir et liberté. Spinoza critique de Hobbes*, Paris, P.U.F., 1998.

MATHERON A., *Le Christ et le salut des ignorants chez Spinoza*, Paris, Aubier-Montaigne, 1971.

MOREAU P.-F., *Spinoza : État et religion*, Lyon, ENS éditions, 2005 ; en accès ouvert à l'adresse : https://books.openedition.org/enseditions/6248.

MUGNIER-POLLET L., *La philosophie politique de Spinoza*, Paris, Vrin, 1976.

NEGRI A., *L'anomalie sauvage, pouvoir et puissance chez Spinoza*, Paris, P.U.F., 1982.

TOSEL A., *Spinoza ou le crépuscule de la servitude (essai sur le* Traité Théologico-politique), Paris, Aubier Montaigne, 1984.

ZAC S., *Spinoza et l'interprétation de l'Écriture*, Paris, P.U.F., 1965.

– *Philosophie, théologie et politique dans l'œuvre de Spinoza*, Paris, Vrin, 1979.

– *Essais spinozistes*, Paris, Vrin, 1985.

*Sur l'*Abrégé de grammaire hébraïque *et sur la* Correspondance

BAUMGARTEN J., ROSIER-CATACH I., TOTARO P. (éd.), *Spinoza, philosophe grammairien. Le* Compendium grammatices linguae hebraeae, Paris, CNRS Éditions, 2019.

BILLECOQ A., *25 lettres philosophiques*, Paris, Hachette, 1982.

ROVÈRE M., présentation de son édition de la Correspondance de Spinoza, Paris, GF-Flammarion, 2010, p. 7-41.

Revue de Métaphysique et de Morale, « Correspondance de Spinoza » 1, janvier-mars 2004.

INDEX DES NOTIONS

TABLE DES MATIÈRES

Achevé d'imprimer en avril 2023
sur les presses de
La Manufacture - Imprimeur – 52200 Langres
Tél. : (33) 325 845 892

N° imprimeur : 230317 - Dépôt légal avril 2023
Imprimé en France